■ 内定獲得のメソッド

インターンシップ・仕事体験

Internship

はじめに

　インターンシップ・仕事体験とは、学生が企業などで実習や研修的な就業体験をする制度です。例年、多くの学生がインターンシップ・仕事体験に取り組み、参加した学生の大半は肯定的で、「就職前に必要な体験」であるととらえています。

　インターンシップ・仕事体験が支持される主な理由は、職場や工場の見学、実際の現場での仕事体験などを通して、企業で働くことの意味を見出したり、その仕事が自分に向いているかどうかをリアルに体験できたりするからです。

　他にも、就職前のあなたが以下のように考えているなら、インターンシップ・仕事体験は絶好の機会となるでしょう。

・仕事内容を入社後に知るのでは、「イメージと違う」ことに気付くリスクが大きい
・会社選びで失敗したくないから、自分の価値観に合う社風であるか確かめたい
・自分の適性に合った仕事に就くことで社会人生活を充実させたい
・仕事上での長期的なビジョンを持って、人生で何事かを成し遂げたい

そして、インターンシップ・仕事体験へ参加した学生の感想には、次のようなものが多いです。

・キラキラした社会人と接し、自分も同じようになりたいと思った
・将来のために、学生生活を充実させたいという意欲が芽生えた
・今後も付き合い続けたいと思える仲間を得られた

　インターンシップ・仕事体験は、企業や仕事の情報を得るだけの場所ではありません。もしも、あなたがインターンシップ・仕事体験参加を迷っているならば、切磋琢磨し合い、自分にあった仕事を見つけるという目標が共有できる友を得るためにも、ぜひ、参加してみてください。

　本書を手に取った時点では、インターンシップ・仕事体験について何も知らなくても大丈夫です。この本で紹介するアドバイスの数々が、みなさんのインターンシップ・仕事体験参加を強力にお手伝いしていきます。

※キャリア形成支援を目的としたプログラムは、対象者や開催日数で「インターンシップ」と「仕事体験」に分類されます。双方とも就職準備の貴重な経験となりますので、内容と開催期間、対象者で自分にあったものを選び挑戦しましょう。本書には内容として「インターンシップ・仕事体験」双方を含んだものを「インターンシップ」と表現している箇所があります。

CONTENTS

第1章 インターンシップの概要

第2章 インターンシップの種類とプログラム内容

第**3**章

自分に合った
インターンシップの選び方、応募の仕方

第**4**章

インターンシップ選考（１）
「エントリーシート」に差がつく
「自己分析・自己PR」のまとめ方

第 5 章

インターンシップ選考（2）
「エントリーシート」で生きる
「志望動機」の書き方

第 6 章

インターンシップ選考（3）
「面接」の極意　八つのポイント

第7章

インターンシップを充実させるために
必要な知識と対策

第8章

インターンシップに参加するなら
知っておきたい社会人としての必須マナー

第9章

インターンシップ参加後に取り組むこと

⌒⌒⌒ この本の使い方 ⌒⌒⌒

　本書では各章を通して、インターンシップの理解はもちろんのこと、「自分自身で企業を選び、応募・参加し、その体験を学生生活や就職準備に生かす」といったインターンシップにおける一連の過程をナビゲートします。

第 **1** 章　インターンシップの概要

　インターンシップ・仕事体験という制度の基礎情報と、参加に向けた準備について紹介します。インターンシップ・仕事体験がどんなものなのか、基本的なことを理解しておきましょう。

第 **2** 章　インターンシップの種類とプログラム内容

　インターンシップ・仕事体験を主とするキャリア形成支援プログラムには「実践型」「課題突破型」「業務体験型」「講義セミナー型」と複数の種類があります。また、日程タイプも、5日以上、2〜3日、1日で完結するものと複数あります。

　この章では、複数のプログラム事例を紹介しています。インターンシップを含む様々なプログラムを具体的にイメージしてもらうのが狙いです。自分の興味やスケジュールに合わせて、あなたが参加するプログラムを選ぶ際の参考にしてください。

第3章 自分に合った
インターンシップの選び方、応募の仕方

　仕事の内容を選んだり、就職先を考えたりするうえでは、「業種」と「職種」という二つのキーワードが重要になります。自分に合ったプログラムを選ぶには、まず、この業種と職種を軸に仕事の内容について理解を深めていきましょう。

　この章では、学生の実例も紹介します。自分に合ったプログラムを選び、参加するまでの流れを時系列で追いながら、何を考え、どう行動すればよいかをイメージしましょう。

第4章 インターンシップ選考（1）
「エントリーシート」に差がつく
「自己分析・自己PR」のまとめ方

　人気が高く、応募が殺到するプログラムには、選考が伴うこともあります。この場合は一般的に、第一次選考は応募書類（エントリーシート）で選考されます。そこで第4章では、応募書類に必ず記入する自己PRの書き方を解説します。

　自己PRに頻出する出題例には「大学生活で力を入れたこと」「これまでのチーム活動で務めた役割」「学生時代の最大の挫折とそこから得られたもの」といったものがあります。これらの課題に対応するために、その基礎となる「自己分析」の方法と、文章作成や工夫の仕方を学んでもらいます。

　各課題には、実際に選考を突破した学生による例文をベースに、作成のポイントを加えていますので、ぜひ参考にしてください。

第5章 インターンシップ選考（2）「エントリーシート」で生きる「志望動機」の書き方

　ここでは自己PRと同様に、エントリーシートなどで必要となる、志望動機の作り方を解説します。ポイントは「プログラムに応募する理由」「職種志望動機」「会社志望動機」の三つです。実際に選考を突破した学生による例文とあわせて説明します。

第6章 インターンシップ選考（3）「面接」の極意　八つのポイント

　インターンシップ・仕事体験の選考で面接を行う企業は年々増えています。ここでは、エントリーシートとともに重要な選考過程となる面接対策について徹底解説します。面接で聞かれることや、面接でのアピール内容についてなど、ポイントをしっかりと押さえておきましょう。

第7章 インターンシップを充実させるために必要な知識と対策

　インターンシップ・仕事体験のプログラムとして、グループワーク（GW）やグループディスカッション（GD）、企画のプレゼンテーションが多くの企業で行われています。そういった場面で役立つ知識や心構え、進行上の注意点をはじめ、仕事に携わるためにも必要な「論理的思考」などについて解説します。これらに対する理

解を事前に深めてから、就業体験に参加すれば、より実りある経験が得られることでしょう。

第8章 インターンシップに参加するなら知っておきたい社会人としての必須マナー

プログラムに参加するにあたって、忘れてはならない社内外での基本的なマナーについて解説します。「受け入れ企業への感謝の気持ち」と「大学を代表しているの自覚」を持って、大人として、社会人としてのマナーを身につけましょう。

第9章 インターンシップ参加後に取り組むこと

インターンシップ・仕事体験で得た貴重な知識や経験を生かし、参加後はより一層、充実した学生生活を過ごせるようになってほしいと考えています。そのために必要な、記録しておくべきこと、目標設定するとよいことを紹介しています。参考にしながらぜひ、役立ててください。

インターンシップ・仕事体験は社会人になることへのスタートです。体験したプログラムから得たすべてをあなたの成長へつなげてください。

概要

プログラム内容

選び方・応募方法

自己分析・自己PR

志望動機

面接対策

GW・GD

必須マナー

参加後の取り組み

第 1 章

インターンシップの概要

インターンシップ・仕事体験という制度の基礎情報と、その仕組みを紹介します。

インターンシップ・仕事体験がどんなものなのか、最初に理解しておきましょう。

—————— 著:岡茂信

1-1 インターンシップとは何か？なぜ必要なのか？

　インターンシップ・仕事体験とは、「社会人として働くというのは、どういうことか？」を知るために、企業や団体などで実習、研修的な就業体験をする制度のことです。

　この制度を通して、就職したい業種や企業、就きたい職、目指す社会人像を見つけたり、就職準備に力を入れる「きっかけ」を得たりする人が大勢います。

　まずは、あらましから見ていきましょう。インターンシップ・仕事体験の経験の有無にかかわらず、多くの学生は、その経験を必要なものだと感じています。これは実際に参加した学生だけでなく、未参加の学生でも同じようです。

　なぜ、学生は必要だと感じているのでしょうか？ 学生から聞こえてくる代表的な意見は、「就職活動で自分なりの志望動機を語るには、インターンシップ・仕事体験で得られる具体的な就業体験がヒントになる」という内容です。

　新卒採用において、企業は学生の志望動機を厳しくチェックします。ミスマッチ採用防止に重点を置く企業にとっては、「なぜ、あなたはこの仕事を選ぶのか？」という質問への回答を重視しているのです。

面白いもので、学生の代表的な意見は、企業側の思惑を見越したものになっています。インターンシップ・仕事体験参加組の多くは、就業体験を通して、自分なりの志望動機を語れるようになるものです。実際に、「志望動機の作成で苦労しないために参加する」と語る学生も少なくありません。

　これをインターンシップ・仕事体験へ参加する動機の一つと考えるのもよいでしょう。

> ## 💡「ミスマッチ採用、ミスマッチ就職とは」
>
> 　せっかく入社したにもかかわらず、「やりたいことと違った」という理由で、３年程度で会社を辞めてしまう人が少なくありません。
>
> 　原因は、仕事についての研究を学生時代に十分にしていなかったことが挙げられるでしょう。仕事に伴う苦労や厳しさを認識できていなかった、という面もあると思います。
>
> 　これは、就職した者だけでなく企業にとっても損失です。この点に問題意識を持ったことから、学生も企業もインターンシップ・仕事体験へ力を入れるようになりました。

概要

プログラム
内容

選び方・
応募方法

自己分析・
自己PR

志望動機

面接対策

GW・GD

必須
マナー

参加後の
取り組み

1-2 効率よく スケジュールを組み、 より多くの就業体験を得る

　プログラムに参加するには、勉強や部活動などの課外活動と折り合いをつけながら、スケジュールを組む必要があります。

　参加を希望する企業の「実施時期・期間」とプログラムに割ける自分の予定を基に、参加計画を立てましょう。参加の傾向は、以下のAタイプとBタイプのように大きく二つに分かれます。

Aタイプ　明確な進路志望を持って「1カ月以上の長期型」「1週間程度型」のインターンシップへ参加

Bタイプ　より多くの就業体験を得たいと考え、短期間の「2〜3日型」などに参加

　Aタイプを志向しても、1学年の間に複数社のプログラムに参加するのはなかなか困難でしょう。しかし、複数年にわたって数多くのプログラムへ参加することはできます。

　あなたが現在、1、2年生ならば、実際に就活シーズンを迎えるまでの期間を使うことで実現できるはずです。そういう視点で、インターンシップ・仕事体験の参加計画を立てるのもよいでしょう。

　また、企業によってはごく短い期間での就業体験を設定する企業もあります。自分の将来像を絞りきれない人にとっては、Bタイプのように違ったジャンルでの就業体験を基にして、志望先を絞り込むのも一つの考え方です。

すべてのプログラムで「現場での就業体験」ができるわけではない

　気を付けてもらいたいことは、すべてのプログラムで「イメージ通りの現場体験」ができるわけではない、という点です。

　特に「2〜3日型」などの短期型のものでは、「グループディスカッション」「人事担当者や社員の講義」「会社・工場・職場見学」などを行う企業があります。このため、自分の希望する就業体験の内容と実際に体験した（できた）就業内容の間にギャップがあった、という意見は実際に耳にします。

　これは企業側の立場で考えると分かることですが、「インターンシップ・仕事体験を運営する人手が足りない、ノウハウがない」などの理由が挙げられます。多くの参加者に、希望通りの就業体験をしてもらうことは、企業側にとっても難しいのです。

　実際の現場体験ができる、人気の高いプログラムへ参加するためには、インターンシップ・仕事体験情報にアンテナを張り、フットワークよく応募するというマインドが重要になってきます。

　実施時期の2〜3カ月前までには、マイナビなどのインターンシップ・仕事体験情報サイトをはじめ、企業からの告知が開始されるため、機会を逃さないように準備しておきましょう。

「自分の成長につなげたい」という目的意識を持ってプログラムを探す

1-4

参加目的を「特定の企業の仕事内容や社風などを確認する」という点に絞り込み過ぎないほうがよいでしょう。なぜなら、特定の企業にこだわらず、自分の成長につなげたいという目的意識を持つと、自身の見識も広がり、結果として自分にとってより良い志望会社や仕事を見出だすことにも繋がるからです。

例えば、以下のような具体的な目的を持って臨んでみましょう。

「ある企業をより詳しく知ることを通して、企業研究の目を養いたい」
「自分の専攻が社会でどのくらい役に立つのかを確かめたい」
「現時点での自分の総合力を試し、足りない点を把握したい」
「職種、業種に縛られず、労働環境や社風の違いを体感したい」

知識を増やす、社会に貢献できる可能性を知る、自分を試すという目的意識を持つことができれば、挑戦したいと思うプログラムが見つけやすくなるはずです。

自分の答えを
見つけるためにも
積極的に参加しよう

「社会人として働くというのは、どういうことか？」具体的なイメージが浮かびますか？

「企業に属して給料をもらう」
「先輩から仕事を教わったり、上司から注意されることもある」
「鞄を片手にお客様を訪問する」
「窓口でお客様の質問に答える」

　まだ学生であれば、このような漠然としたイメージしか浮かばないのは仕方のないことです。しかし、インターンシップ・仕事体験への参加を希望するならば、「仕方ないでは済ませられない！」という危機意識を持って準備しましょう。
　多くの学生は、みなさんと同じように「自分が仕事でやりたいことは何か？」「何を仕事にすれば自分は輝くことができるのか？」という答えを見つけられず、悩んでいます。この答えを見つけるためにも、危機意識を持ち続けることが役に立ちます。
　実際に企業で働いている人から“生”の話を聞けることもインターンシップ・仕事体験で得られる貴重な経験の一つです。この貴重な機会を、ぜひ有意義に活用してほしいと思います。

1-6 企業はみなさんの参加を心から望んでいる

　多くの学生は、インターンシップ・仕事体験で企業と初めて本格的な接触を持つことになります。そのため、「自分が気付かないうちに、何か迷惑をかけてしまったら申し訳ない。参加していいのかな」などと少し怖気づく人もいるかもしれません。

　でも、そのような心配は無用です。企業は、学生のみなさんに役立つ知識や体験を提供し、進路を発見するお手伝いをしたい、少しでも良い社会人スタートを切れるように後押しをしたいという気持ちでプログラムを実施しているからです。

　つまり、未熟な点があるからこそ、就業体験を必要とするのです。叱るのではなく、気付きの機会を提供する、もしくは、アドバイスを送りたいと企業は考えています。ある意味、インターンシップ・仕事体験は、企業が開催する「学校」であり「教室」なのです。

　「業種について理解を深めてもらうと、視野が広がって良いのではないか？　座学だけでなく、ロールプレーイングも取り入れたほうが、もっと役立つのではないか？」

　「どのような仕事に就いても、チーム活動力やプレゼンテーション力は必要だから、グループワークも取り入れてみよう」

　企業は、このようなことを一生懸命に考えながらプログラムを練り、みなさんの参加を待っています。ぜひ、こうした想いをもった社会人の懐に飛び込むという気持ちで、インターンシップ・仕事体験に積極的に挑戦してみてください。

第2章

インターンシップの種類とプログラム内容

　インターンシップ・仕事体験を主とするキャリア形成支援プログラムには「実践型」「課題突破型」「業務体験型」「講義セミナー型」と複数の種類があります。また、実施期間も「1カ月以上」の長期のものから、「1週間」「2〜3日」ほどのものまで複数の日程タイプに分かれます。

　ここで紹介するさまざまなプログラム事例を通して、自分の興味やスケジュールに合わせて参加するプログラムを検討できるようになりましょう。

著：岡茂信

概要

プログラム内容

選び方・応募方法

自己分析・自己PR

志望動機

面接対策

GW・GD

必須マナー

参加後の取り組み

2-1 全学部生向け、文系・理系向け、特定の職種志望者向けがある

インターンシップの募集対象には、大きく分けて次の4種類があります。応募するプログラムを選ぶ際は、その企業が実施するプログラムの紹介文を読み、自分が参加できるインターンシップなのか、内容は自分の目的に合っているかという点に注意しましょう。

1.「学部学科不問」
2.「文系向け」
3.「理系向け（学科を指定しているものもある）」
4.「特定の職種を志望する人向け」

実際の企業のインターンシップ紹介文例

A社：全学部学科向け

・建設業界の未来像を学ぶ！
・建設会社には、どのような職があるかを学ぶ！
・建設会社と他の業種の会社との連携を学ぶ！
建設業界の研究に役立つプログラムです。

※業種（業界）全体について学ぶプログラムは、体験希望者を幅広く受け入れる傾向にあります。

B社：文系向け

当社の工場見学と製品ができ上がるまでの流れを説明する講習

を実施します。講習では、生産管理・SCM（サプライ・チェーン・マネジメント）について、特に詳しくご紹介しますので、業務内容や入社後に担っていただく役割への理解を深めていただけます。

そのうえで、当社が今後、どのような方向に進めばよいかを、ご提案していただきます。

B社：理系向け

当社ならではのIE（Industrial Engineering）業務を理解していただくために、実際に製造ラインの中に入っていただきます。さまざまな実際のデータを基に、製造ラインの効率化を追求するグループワークを社員とともに行っていただきます。

大学で学んでいる工学の知識を駆使していただきながら、現場で行われている進化を目指した日々の取り組みを体験してください。

※B社のように文系・理系向けのプログラムがある場合は、紹介文にそれが明示されていますので、選択で迷うことはありません。また、この理系向けの紹介文では、工学部の学生を対象としていることが分かります。

C社：特定の職を志望する人向け

法人営業部で「提案型営業」を体験してもらいます。よりリアルな体験とするために、実際に存在している顧客を対象として、経営分析に取り組んでいただきます。そのうえで、どのような提案を導き出せばよいかを、社員がご指導します。

営業職の中でも、特に法人営業職を目指す方や、大学で学んでいる会計の知識を実践的に使ってみたい人に、ぴったりのプログラムです。

※特定の職を志望する学生を対象とするプログラムは、この紹介文のように職種名が明記されていますので、迷うことはないでしょう。

概要

プログラム内容

選び方・応募方法

自己分析
自己PR

志望動機

面接対策

GW・GD

必須
マナー

参加後の
取り組み

2-2

大学1、2年生でも 就業体験に 参加できる！

　基本的には全学年の学生に就業体験の門は開かれています。就業体験に参加する学生の多くは3年生ですが、自分が何年生であるかを気にして参加をためらう必要は一切ありません。1、2年生ならば他の学年よりもいち早く、多くのチャンスを得られると考え、臆することなく積極的に参加しましょう。

　1、2年生で就業体験へ参加した学生から出た意見を参考事例としてご紹介しましょう。

　例えば1年生で1回、2年生で1回、計2回の長期プログラムに参加した学生は、「精神的な強さ、問題解決のスキル、企画提案能力などを身につけることができた」と語っています。それは、もともと自分が設定していた目的とは別の、副産物としてのメリットだったそうです。

　身につけたものは、「3年生のゼミ活動やサークルの運営、研究室のテーマ選びをするときに、とても生きた」とも話していました。

　この他にも

「知り合った先輩が違う大学に所属していて、その先輩の主催するNPO活動やサークルに参加し、自分の生きる世界が広がった」

「就業体験中のまじめな取り組みが認められ、企業のイベントへゲストとして招かれた。おかげで、人脈が広がった」

「1年生のときの就業体験で得たことを2年生のときの就業体験でも生かせた。その結果、3年生のインターンシップでは、倍率の

概要

プログラム
内容

選び方・
応募方法

自己分析・
自己PR

志望動機

面接対策

GW・GD

必須
マナー

参加後の
取り組み

高い人気のプログラムに参加できた」など、1、2年生時の就業体験への参加が、その後の生活に大きな影響を与えた例は、枚挙にいとまがありません。

　ただし、企業が設けている参加条件には気を付けましょう。例えば、「対象：大学3年生または修士1年生」と限定しているプログラムの場合は、1、2年生では申し込めません。

インターンシップは、就職の"準備"に繋がる取り組みの一つ

　学校の研究や部活動などの課外活動が忙しく、どうしても就業体験に参加できない学生もいるでしょう。その中には「就職で不利になるのでは？」と不安になる人もいるかもしれません。そんな場合は、現在、力を入れている勉強やサークル活動を中断せずに、ぜひ続けてください。

　就業体験は、あくまでも就職の"準備"に繋がる取り組みの一つです。就業体験を通して、就職の準備を充実させるものであって、就職を決定づける機会ではありません。例えば、以下のような活動も、就職の準備に繋がる大切な取り組みです。

・ゼミや研究に打ち込み、専門性や地頭（じあたま）を鍛える
・課外活動に打ち込み、何らかの役割を担い、責任を果たす

　このような活動を通して、人間力や専門知識を養い、その過程で多くの社会人、OBやOGと接触することも、就業体験とは違った種類の"就職の準備"となるでしょう。

2-3 インターンシップの選考概要を把握しよう

　インターンシップの中には、応募するだけでは参加できず、応募後の選考を通過しなければならないものも存在します。

　特に、大手・有名企業のインターンシップは、参加希望者数に対して受け入れ人数が少なく、選考を伴う場合が多いです。

　この選考の概要について順番に紹介していきましょう。

応募書類とは

　参加申し込み時に提出する応募書類は、エントリーシート（ES）とも呼ばれます。代表的な記入項目は以下の通りです。

・関心のある事業部門もしくは職種
・現在所属しているゼミ、研究室名と自身の研究テーマ
・課外活動（部活動やサークル名）
・アルバイトやインターン経験の有無
・英語能力のレベルについて（TOEIC や TOEFL のスコアなど）
・留学経験の有無
・自己 PR（記述形式に加えて、1 分間自己 PR を録画して提出する形式もある）
・志望動機

概要

プログラム
内容

選び方・
応募方法

自己分析・
自己PR

志望動機

面接対策

GW・GD

必須
マナー

参加後の
取り組み

テストとは

　テストには、「適性試験」と「言語、非言語、一般常識で構成される筆記試験」があります。受験形式として押さえておきたいのは、自宅の PC やインターネット環境を利用する Web テスト形式を採用したものです。希望するインターンシップの選考内容に Web テストがある場合は、条件を満たしたインターネット環境をあらかじめ用意しておかなくては受験できません。

　こうした筆記試験への準備については、市販の対策用書籍などで早めにチェックしておくのがよいでしょう。

面接とは

　応募書類のみ、もしくは応募書類とテストの結果で行われる選考に合格した学生へ実施される、いわば2次選考（多くの場合、最終選考）が面接です。面接は主に以下の二つの形式で行われます。

・「学生（複数人）対 社員（1人）」の「集団面接形式」
・「学生（1人）対 社員（複数人）」の「個人面接形式」

Web面接とは

　オンライン会議ソフト等を介して行われる面接です。「これまでの経験のリストアップ（P.77 参照）」「自己 PR 作成時のメモ（P.81 手順2のメモ）」を視野に入る場所に置いて面接に臨めますので、対面面接に比較すれば、少し心に余裕を作れます。

　面接で尋ねられる質問例も P.28 〜 29 で紹介しておきますので、参考にしてください。

面接での質問＆逆質問の例

Q. 当社が実施するインターンシップを志望した理由は？

Q. 大学で学んでいる内容を1分間で説明してください。

Q. 英語で「50歳の自分」をプレゼンしてください。

Q. 今日、宝くじで10億円が当たったら、どうする？

Q. 1〜36の数字が黒と赤、交互に配置されたルーレットを5回まわして、同じ色が○回連続で出る確率は？（ルーレットに0はないものとする）

Q. 一人一つ、当社の社員へ聞きたいことはありますか？

　面接では、応募書類に記入した内容にそった質疑だけでなく、英語力や計算力などを必要とされるものもありますが、中でもしっかりと準備しておきたいのが、学生が社員へ質問することを求められる「逆質問」です。その企業の属する業種や、事業内容への研究を深めていなければ、的外れな質問になってしまいますので注意しましょう。

　逆質問の実例をP.29に紹介しますので参考にしてください。

逆質問

逆 Q.「仕事の1日のタイムスケジュールを教えていただけますか？ どのような時間配分でお仕事をされているんでしょうか？」

逆 Q.「ご自身の考える、今のお仕事の醍醐味を教えていただけますか？」

逆 Q.「ご自身の今後のキャリアビジョンや、仕事を通して実現したい夢などをお聞かせいただけませんか？」

逆 Q.「○○さんが、この会社を志望された理由を教えてください」

逆 Q.「×× さんは、入社前にどんなイメージを持っていて、入社後の実際はどうでしたか？ イメージと実際のギャップについて聞かせてください」

逆 Q.「私は将来、□□という職（営業職やシステムエンジニア職など）を志望しているのですが、そうした職種で活躍するために必要な資質を一つ教えてもらえませんか？」

逆 Q.「一緒に組んで仕事したいと感じる人は、どのような人ですか？」

逆 Q.「同業他社との差別化を図るためには、どんな付加価値を御社のサービスに創出すればよいとお考えですか？」

逆 Q.「同業他社と比較して、御社の個性や独自性、強みとはどんなところですか？」

選び方・応募方法

自己分析・自己 PR

志望動機

面接対策

GW・GD

必須マナー

参加後の取り組み

インターンシップの選考の中には、「集団面接形式＋社員との座談会形式」「集団面接形式＋個人面接形式」など、面接を1日ないし数日に分けて複数回、実施する企業もあります。そのため企業研究や逆質問の内容を充実させておくことも大切になります。

2-4 学校の単位に認定される インターンシップもある

就職課で情報を収集する

インターンシップには、応募するため学校を通さなければいけないものがあります。こうしたプログラムの場合は、オリエンテーションへの参加が必須となり、複数の会社に併願できる・できないなど、さまざまな応募ルールがあります。興味を持った時点で、まずは就職課を訪ね、情報やアドバイスを求めることをお勧めします。

他には、大学が設けている在学生向けの Web ページからも情報は得られます。全学部生を対象とするものもあれば、各学部、学科別のインターンシップもありますので調べてみましょう。

就職課に問い合わせる時期

情報が多く更新される、学期や年度が入れ替わる前後の時期がお勧めです。履修科目との兼ね合いなどを考慮しながら授業日程に無理のない参加計画を立てましょう。

学校の単位に認定されるインターンシップもある

学校を通じて申し込むと、単位認定をしてもらえるインターンシップがあります。ただし、これには認定される単位数(半年間のインターンシップならば2単位、1年間ならば4単位など)や、応募できる学年など、定められたルールがあります。応募要項をしっかりと読みましょう。

学校を通じて申し込む場合の注意点

単位認定にかかわらず、学校を通じて申し込むインターンシップの場合は、以下のような心構えを持って臨みましょう。

！注意点 1

仲介する学校の事務がスムーズに進むように、書類などは期限厳守で提出する

！注意点 2

選考途中に辞退したり、プログラム期間中に投げ出したりしない。学校と企業に迷惑がかかることを踏まえ、応募に当たっては、必ず参加し、やり遂げる意志を持つ

！注意点 3

学校を代表して参加するという自覚を持つ

！注意点 4

先輩たちの取り組みや努力で築かれてきた企業と学校の信頼関係を、自分がさらに強固なものにするという意欲を持つ

！注意点 5

インターンシップを通して得られた有意義な経験を、後輩たちに引き継ぐという意識で、体験レポートを作成し、大学に提出する

このような心構えを持ち、社会人として恥ずかしくない態度で臨むことが大切です。

2-5 期間や内容はさまざま。目的と期間で選ぼう

応募するときに大事なことは、自分の目的に合った内容のプログラムを選ぶことです。同じ経験を積めるものは二つとないでしょう。そこで、プログラム選びのポイントをご紹介します。

実施される内容には、大きく分けて「実践型」「課題突破型」「業務体験型」「講義セミナー型」の四つがあります。

四つのプログラムと概要

	概要	選択ポイント
実践型	実際の現場での仕事体験	志望する企業や職種が明確で、就職準備を万全にしたい人にお勧め
課題突破型	・企画立案 ・課題解決 ・グループワーク、ディスカッション、プレゼンテーション	仕事の基盤となる論理的思考力やプレゼン力において、自分の力を試したい人にお勧め
業務体験型	・会社見学 ・工場見学 ・職場見学 ・仕事のロールプレーイングやシミュレーション体験	アルバイトでは体験できない仕事が気になっていて、部分的にでもその仕事内容を知りたい人にお勧め
講義セミナー型	人事や社員による業種動向や企業の事業内容についての説明	就職準備をするにあたり、視野を広げたい人にお勧め

実施される期間には、「1カ月以上」の長期にわたって行うものから「1週間前後」のものや、「2～3日」ほどの短期間で行うものまで、大きく分けて三つの種類があります。

三つの期間と選択のポイント

期間	選択ポイント
1カ月以上	「2年生の夏休みを有意義に活用して成長したい」「志望職種のノウハウを身につけたい」といった、具体的で明確な目標のある人や、志望先が明確で現場での実地体験を希望する人にお勧め
1週間前後	志望業種・志望職種が定まっている人で、開催企業の社風や技術に深い関心を持つ人にお勧め。理系対象プログラムの場合は、専攻や学年が限定されていることもある
2～3日	スケジュールの組みやすさと、短期間ながらも充実した体験を得られるのが魅力。ある程度、志望業種や志望職種が定まっている人や、複数のプログラムに参加し、視野を広げたい人にお勧め

例えば、以下のような複数年にわたる目標を持って臨むのもいいでしょう。

・1年次は「講義セミナー型」もしくは「課題突破型」の複数の短期プログラムに参加し、視野を広げ、知識や社会人としての基礎力を養う。

・2年次は、1年次の経験を基に詳しく研究したい業種を絞り、「実践・1カ月以上の長期型」に挑戦。業務を通して知識やスキル、マナーなど多くのことを吸収する。さらに学校の勉強や課外活動にも活用し、参加以降の学生生活を充実させる。

・3年次は、就職の準備も兼ねて、複数の「課題突破・2～3日型」に参加し、他の学生と互いに切磋琢磨し合うことを通して、より自分を成長させる。

概要

プログラム内容

選び方・応募方法

自己分析・自己PR

志望動機

面接対策

GW・GD

必須マナー

参加後の取り組み

2-6 「実践型」は、志望する業種・企業・職種が明確な人に最適

　実践型プログラムは、企業の実際の仕事現場に入って就業体験できるプログラムです。社員と同じ時間帯で、社員と同じような仕事を任せてもらえます。

　例えば、始業の朝礼から始まり業務報告を終えて終業するまでの1日のサイクルを体験できれば、会社の一員として働く実感が得られます。緊張感のあるオフィスで、取引先や客を相手に働くとはどういうことか、実際の社会人が、どんな会話をして、どんなマインドを持っているかにも触れられるわけです。

　場合によっては、インターンシップ期間中に自分で練り上げた企画を経営幹部や顧客へプレゼンテーションする機会が与えられるようなこともあります。プレゼンまでの過程には、市場調査、インターン生同士でのディスカッション、企画書作成などがあり、仕事で必要になる具体的なスキルを習得できるはずです。こうした機会を得られれば、とても貴重な体験になります。

　ただし、スケジュール調整にはくれぐれも気を付けてください。インターンシップ中は会社の一員として、業務を担うことになります。あなたが自分の都合でインターンシップを休んだり、抜けたりすると、プログラムに取り組んでくれている担当社員や他のインターン生だけでなく、依頼された仕事にかかわる取引先へも迷惑をかけてしまいます。

　参加にあたっては大学の授業との兼ね合いや、アルバイト先と

概要

プログラム
内容

選び方・
応募方法

自己分析・
自己PR

志望動機

面接対策

GW・GD

必須
マナー

参加後の
取り組み

の調整など、自分の時間をうまく管理する必要があります。覚えて
おいてください。

🔍 「実践型」プログラムの注意点

実践型のプログラムに参加する場合は、以下のような心構えを
持って臨みましょう。

!注意点1

「参加する会社の業務内容を将来の自分の仕事にしたい」という強
い気持ちを持つこと。

!注意点2

途中でインターンシップを投げ出さない覚悟を持つこと。

!注意点3

業務に参加することの責任を理解し、業務に関する勉強を進める
こと。

!注意点4

業務中は「指示されたことをやってみよう」と素直に考え、失敗
を恐れず与えられた仕事へ意欲的に取り組むこと。

!注意点5

自分に与えられた課題を期限までに消化できないかも、と感じた
時点で、他のインターン生やメンター役の社員に報告し、サポー
トを受ける。

2-7 「課題突破型」が向いているのは、自分の力を試したい人

　課題突破型プログラムは、企業より出される課題に取り組むという内容のインターンシップです。実地での体験を伴わず、会議室などでインターン生がチームを組み、グループディスカッションやグループワークを通して、自分たちの企画や提案をまとめて発表するということなどが主に行われます。発表後は、発表内容や参加姿勢について、社員からフィードバックを受けられます。

　中には「メンター」などと呼ばれる担当社員が、発表までの過程で適時アドバイスをくれる場合もありますが、主体はあくまでもインターン生です。その自覚を持ち、社員に評価される発表内容にまとめることを目指してください。

　同年代のインターン生とともに課題へ取り組む時間はとても有意義な時間となるでしょう。なぜなら、自分と同じく、何かへ真剣に取り組む存在が目の前にいるというのは、互いに刺激となるものだからです。「自分の能力を最大限に発揮したい」「自分も気付いていない可能性を発見したい」そうした意欲も自然とわいてきます。

　また、全国から学生の集まる企業の場合は、日常生活では出会う機会がなかったタイプの学生と出会えるチャンスでもあります。「インターンシップ後も付き合い続けたい友人と出会えた」という感想を持つ学生も、とても多いようです。

⌕「課題突破型」プログラムの注意点

　課題突破型のプログラムに参加する場合は、以下のような心構えを持って臨みましょう。

!注意点1

「今の自分を試そう」と、自立的、主体的に参加すること。

!注意点2

他のインターン生に熱意で負けない、という気概を持つこと。

!注意点3

他のインターン生から良い点を吸収する意欲があること。

!注意点4

良い成果を目指して、与えられた課題や企画作成に他のインターン生と協力・切磋琢磨すること。

!注意点5

担当者やメンターなどからフィードバックされた指摘内容や、他のインターン生との活動を通じて自分に不足していると感じたことへ積極的に取り組んで改善したいとする前向きな姿勢を持つこと。

👍 持ち帰ってよいものか、必ず社員に確認！

　プログラム内容によっては、その企業が作成した資料を扱うこともあるでしょう。こうした場合、その資料が持ち出してはいけない " 社外秘の資料 " である場合があります。

「帰宅後、勉強して明日に備えたい」という意欲的な気持ちから資料を持ち帰りたくなっても、持ち帰ってよいのか、コピーをしてよいのかを必ず確認してください。たとえ資料が A4 用紙 1 枚だけの紙であっても、必ず社員の指示に従いましょう。

2-8

「業務体験型」は仕事に必要な知識やスキルを学びたい人に最適

　業務体験型プログラムは、業務の一部分を切り取って体験させてくれるインターンシップです。

　食品会社であれば、食品製造技術に関連する機器の操作や、その研究開発の一端に触れられたり、証券会社であれば、情報が開示されている企業の資料をもとにその企業の業績を予測したりといった内容のものが実施されています。他には、ロールプレーイング形式で商談や営業業務を体感させてくれるものや、職場・工場見学が伴っているものもあります。

　これらを通して会社や仕事内容への理解を深めると同時に親近感を覚えて、「この企業で働きたい」という気持ちを強くする人も多いようです。

　会社や仕事に親近感を持てるようになるというのは、本当に大きな前進です。インターンシップで得られる最高の収穫と言っても過言ではありません。

　ただし、プログラムの中には、仕事で使用される専門用語などを理解していないと苦労するものもあります。ゼミや研究室で学んでいるテーマと関連した内容か、考慮したうえで選択するとよいでしょう。

「業務体験型」プログラムの注意点

　業務体験型のプログラムに参加する場合は、以下のような心構えを持って臨みましょう。

！注意点１
自分に適した仕事を見つけたいという目的があること。

！注意点２
できる限りの企業研究を済ませてからインターンシップに参加する心づもりがあること。

！注意点３
実施されるインターンシップのプログラム内容に必要な専門知識を有している、もしくはインターンシップへ参加する前に勉強してから臨むという意欲があること。

！注意点４
ロールプレーイングなどを通して得られる知識やスキルを参加後も磨き続け、自分の武器にしたいという目的を持っていること。

！注意点５
メンターや社員から自分の弱点を指摘されるようなフィードバックをされても、「改善することで自分は成長できるんだ」という素直な気持ちで、自分の糧にしようとするマインドを持っていること。

※専門外だからこそインターンシップを通して何かを掴みたいという意気は素晴らしいのですが、「専門用語の混じった説明や分析ワーク」にまったく付いて行けず、気持ちが落ち込んでしまったというケースもあります。特に「注意点３」には気を配りましょう。

「講義セミナー型」は これから就職準備を 始める人に最適

　講義セミナー型プログラムでは、インターン生と社員との座談会などが用意され、業種や企業についての講義を受けられます。こうしたプログラムを実施する企業の多くは、学生に馴染みのないサービスを提供している企業や、機密保持の関係から職場を学生に見せることの難しい企業です。

　講義の内容には、企業や仕事の概要説明に加え、「ロジカルシンキング（論理的思考）」や「リーダーシップ」など、学校の授業ではなかなかお目にかかれないテーマを学べます。「マーケティング」「コンサルティング」など、業務と関連するテーマを含んでいることも多いです。「2〜3日型」などの短い時間で行われるプログラムの中で実施されるケースが多い点も、講義セミナー型の特徴です。

　これは一つの考え方ですが、複数の業種の短期型プログラムに参加することを通して、各業種の仕事を比較検討することも、就職準備をこれから始めようとしている人へはお勧めです。世の中には、どのような仕事や会社があるのかをこれから調べようとしている人には、講義セミナー型プログラムへの参加は一つの研究手法といえます。

「講義セミナー型」プログラムの注意点

講義セミナー型のプログラムに参加する場合は、以下のような心構えを持って臨みましょう。

！注意点1

実施企業や業種について、Web検索で分かる程度の研究を済ませてから参加すること。

！注意点2

実施される講義やセミナーのテーマについて、少なくとも言葉の意味程度は事前に調べて理解しておくこと。

！注意点3

社員や人事担当者へ聞きたい"逆質問"を準備しておくこと。

！注意点4

複数のインターンシップに参加し、知識や視野を広げるという目的意識を持つこと。

！注意点5

インターンシップ終了後に知り合ったインターン生と情報を交換できるような関係を築くこと（友人を増やす機会として、インターンシップを活用すること）。

リスク管理と「5〜10分前行動」を心がける

社会人として、「集合時間に遅刻しない」のは当たり前のこと。しかし、私たちの日常生活の中では予期せぬ事態や、交通機関のトラブルなどによって集合時間に遅刻しそうになる危険性が常にあります。このような場合に大事なことは、リスク管理です。「遅れる危険性がありそうだ」と感じた時点で、待ち合わせ相手や面接の担当者へ連絡をするようにしましょう。

概要

プログラム内容

選び方・応募方法

自己分析・自己PR

志望動機

面接対策

GW・GD

必須マナー

参加後の取り組み

2-10 実際のプログラムをチェック!「1カ月以上の有給実践型」

　1〜2カ月間にわたり、休日以外は毎日出社するプログラムです。主に、夏休みなどの学校が長期にわたって休みになる期間に実施されます。「自分の武器を作りたい、磨きたい」と真剣に取り組みたいと考えている人、また1、2年生にもお勧めの内容です。

2カ月間の長期実践型プログラム例

■夏季休暇の平日9：00〜18：00

1〜5日目	トレーニング期間 2チームに分けられた後、トレーニング開始　※A

※A：ここでは以下を学びます。
・プレゼンテーションソフトの使用方法
・表計算ソフトの基本的な関数
・仮説を立ててから動く行動姿勢
・スケジュール管理方法など
また、6〜7日目に設定されているプレゼンテーションに向けてのグループワークの時間も確保されている。

6〜7日目	グループワーク及びプレゼンテーション　※B

※B：ここまでは自費参加です。プレゼンテーションなどの結果によって、8日目以降のプログラムへ参加できる学生が 5 名に絞られ、残った学生は有給インターン生として企業と秘密保持契約を交わす。

8日目〜	インターン生のミッションが説明される ※C

※C：学生がチームを組んで、この企業の実際の顧客を担当。1名の社員が指導役として付き、それ以外の複数の社員が、持ち回りで指導に訪れる。学生は社員に判断を仰いだり、必要に応じて相談したりできる。ただし、社員は学生の専属指導員ではないので、頼り過ぎず自主性を発揮することが大切。

（8日目以降の日々の主な活動は以下の通り）

・インターネットで成功事例を探す
・ディスカッションを繰り返す
・自分たちの仮説が正しいかを確認するために、インターネットのアンケート収集機能を利用。数百名規模のアンケートを実施し、検証する
・プレゼンテーション資料をパソコンのソフトで作成する
・毎日の進捗や制作物を社員へ報告。必要に応じて、メールや報告書に使う文章を添削してもらう

半月後	顧客と初顔合わせ。以降、電話やメールで、必要な資料を顧客に依頼したり、顧客からの問い合わせに回答したりする
1カ月後	顧客に中間報告。報告当日へ向けて、プレゼンのシミュレーションを繰り返す
1.5カ月後	顧客に2回目の中間報告。報告当日へ向けて、プレゼンのシミュレーションを繰り返す
1.5〜2カ月後	顧客に問題の解決案を最終報告。報告当日へ向けて、プレゼンのシミュレーションを繰り返す ※D

※D：最終報告後に社員からのフィードバックが行われ、インターンシップが終了。

2-11

実際のプログラムをチェック!「1～2週間の実践型(理系プログラム)」

　1～2週間以上に及ぶプログラムともなると、会社側も相当のエネルギーを注いで実施します。参加する学生は大学の授業との兼ね合いなど、スケジュール調整をしっかりと行うことが重要になります。

　大学での専攻とプログラム内容が一致している、もしくは近い内容など、プログラム内容に必要な基礎知識を持っている人に適しています。

🔍 2週間の理系実践型のプログラム例

前半プログラム

1日目	1日目　ガイダンス、職場紹介、安全教育の実施。配属される研究部門の決定
2～7日目	配属先の研究部門で、終日の実習に取り組む　※A

※A:「プロセスの見直しによる省エネ化の実現」といった、学生の専攻分野に関連したテーマが与えられる。機器やソフトウェアを使用しての解析、実験、検証を、社員の指導を受けながら繰り返す。

概要

プログラム
内容

選び方・
応募方法

自己分析
自己PR

志望動機

面接対策

GW・GD

必須
マナー

参加後の
取り組み

後半プログラム

8日目 ※B	午前	研究部門で実習
	午後	営業部門の方から営業活動についての説明

※B：研究成果は、製品の売上向上や、消費者ニーズに応える商品の開発につなげて
こそのものであるという理解が深まる。研究室に閉じこもり、視野を狭めてはならな
いことを学ぶ機会となる。

9日目	午前	研究部門で実習。担当の社員から、整理整頓の大切さを指導される
	午後	工場の見学。生産工程について学ぶ。次々と生み出される生産工程を間近にして、圧倒される
10～11日目		実習、講習、工場見学を通して学んだことをまとめる。データ分析をした結果の報告書や改善のための提案書を作成する
12日目　9～15時		学生が分析した結果の報告や改善案のプレゼンテーションを実施。学生一人ずつ、全員分の発表がある。終了後、社員より個別のフィードバックあり
	16～20時	デスクの片づけ、清掃。社員との懇親会に参加する ※C

※C：全体を通して、成果を求められるプレッシャーや、意思決定のスピード感など
学校の研究室との違いをさまざまな点で実感する。また、身の回りの片づけや、清掃
をしっかりと行う習慣の大切さも学ぶ。今後の学校の研究生活では、目的意識をもち、
計画性、納期を意識して作業しようと考えるようになる。

2-12

実際のプログラムをチェック！「2～3日課題突破型」

2～3日で行われるプログラムは、その内容の充実度とスケジュールの合わせやすさの関係性において、「バランスが良い」ということで、学生に人気です。また、プログラムの過程でグループを組む学生、社員、ともに一定のコミュニケーションが深められます。

3日間の課題突破型プログラム例

1日目

8:00	集合
8:30 ～ 9:30	グループ分け、オリエンテーション
9:30 ～ 10:00	重役のスピーチ
10:00 ～ 12:00	各部門の職場を見学
12:00 ～ 13:30	3人の若手社員とランチ
13:30 ～ 15:00	各部門の職場を見学
15:00 ～ 16:00	ディベートの課題説明
16:00 ～	ディベートの準備開始。インターン生が自主的に準備を継続する場合に備えて、21時まで使用可能な部屋が用意されている

概 要

プログラム
内容

選び方・
応募方法

自己分析・
自己PR

志望動機

面接対策

GW・GD

必須
マナー

参加後の
取り組み

2日目

7:30 〜 9:00	ディベート準備のための部屋が開放される
9:00 〜 12:00	社員の隣で仕事を観察。一社員につき1時間×3人 積極的に質問するようにと指示される
12:00 〜 13:30	3人の中堅社員とランチ
13:30 〜 17:30	社員の隣で仕事を観察。一社員につき1時間×4人
17:30 〜	ディベート準備の継続　※A

※A：初日から、社員の指示ではなく、インターン生の自主的な判断で18時以降も準備を継続。21時以降は、社外の飲食店に場所を移し準備を継続。ディベートで負けたくないという気持ちをメンバー同士で共有していることもあり、士気が高い。Wi-Fiのフリースポットを利用した作業ができるように、モバイル機器の携帯は重要。

3日目

6:50	集合
7:00 〜 7:30	朝の部門会議に参加
8:00 〜 12:00	ディベート準備継続
12:00 〜 13:00	取締役とランチ
13:00 〜 16:30	プレゼンテーション及びディベート
16:30 〜 17:30	社員による1対1のフィードバック。終了後、懇親会

2-13 実際のプログラムをチェック！「2日間の講義セミナー型」

　　短期間で実施されるプログラムは、拘束される時間が短く、授業やアルバイトなどのスケジュールに影響を与えにくい、という利点があります。複数のインターンシップへ参加し、同業企業の比較、業種の研究を深めるなどの目的をもった学生は、上手に活用するとよいでしょう。

2日間の講義セミナー型プログラム例

　（各企業ごとにインターンシップの期間、タイムスケジュールが違うため、プログラムの数や構成、時間配分はそれぞれ異なります）

1日目

集合（受付時間に遅刻しそうなときは連絡を入れること）

プログラム1	挨拶　自己紹介タイム （一人のインターン生につき1分間のスピーチ）
プログラム2	店舗運営について店長が説明　※A ・売上や利益予測の方法 ・店舗運営に伴うコスト比率 ・店舗へ投資した費用を回収する計算方法などの説明

※A：「数字の管理や、データ扱いが必須」という店長職の特徴が講義内容からうかがい知れる。「文系向きの職＝数学と無関係」といった思い込みを修正するなど、職の理解を深められる。

概要

プログラム
内容

選び方・
応募方法

自己分析・
自己PR

志望動機

面接対策

GW・GD

必須
マナー

参加後の
取り組み

プログラム3　「店舗のできるまで」についてを店舗開発チームの社員が説明　※B

※B：地図上での開店候補地の選定から、開店までのプロセスが紹介される。

・店舗開発と通行量調査の関係

・新店舗が競合店と近い場所に開店される理由

・優良な商業エリアは限られている

こうした説明を社員から直接自分の耳で聞くことにより、情報が頭の中に入ってきやすくなるというメリットがある。

プログラム4　社員との座談会　※C

※C：逆質問をぶつける絶好の機会。「数学が苦手でも店長は務まるか」など、働く上での不安を解消するために、気になることを社員に積極的に質問することが大切。

2日目

プログラム5　今後の業種展望について経営企画チームの社員が説明　※D

※D：将来の人口推計や店舗の周辺に住んでいる年齢層のボリュームなど、さまざまな調査結果の積み重ねを通して店舗運営の中期計画が立てられていることを学ぶ。全国に多くの店舗を持つ企業は、物事の大局と具体的な細部の両面を把握し、調査で得た数字を緻密に読み解いて経営していることなどを知るきっかけを得られる。

プログラム6　グループディスカッションと発表
　　　　　　　　・課題「新規開店に最適な場所の選定とその理由」　※E

※E：エリア内の住民の平均年齢や、競合店の場所を記入した地図が資料として提供されたうえで、学生同士でディスカッション。1チームあたりの発表時間は10分程度が一般的。

プログラム7　発表内容に対する社員からのフィードバック

2-14 実際のプログラムをチェック！「長期実践（単位認定）型」

　紹介するプログラムは、出社は毎日ではないですが、半年にわたって実施するプログラムです。毎週2日間、1日に3時間くらいの業務を行うペースで取り組みます。長期間を通してじっくりとかかわることができるので、「課題発見→分析→提案→提案結果の確認」をした後に、「改善→検証→さらなる改善」という仕事のサイクルを学ぶことが可能です。

長期実践（単位認定）型のプログラム例

1カ月目	主に系列店での実習 接客、品出し、商品管理、発注、納入業者との対応、清掃などを複数店舗で実習を受ける
2〜3カ月目	新しい店舗を立ち上げる会議に参加　※A

※A：メニュー開発、広告デザイン、競合店の価格調査、商圏内の人口年齢調査、交通量調査、什器備品業者との会議、従業員採用面接などへの立ち合いを通して、一つの店舗が完成するまでの流れを学ぶ。
新規店舗の立ち上げには、多くの人の協力や、多額の資金が必要なことも学ぶ。「計画と段取り」の重要性を理解する一方で、開店直前の慌ただしい現場を目の当たりにして、店長の責任の重さ、臨機応変な行動力の必要性も実感。

4カ月目～半年　開店した新しい店舗で、スタッフとして働く　※B

※B：チラシ配り、戸別訪問による開店の案内、系列店で学んだ業務を担当。戸別訪問では、訪問する地域を指定されると同時に、訪問件数の目標数が設定される。玄関を開けてもらえず、門前払いの対応をされる経験を通して、来店して下さるお客様への感謝の気持ちが深まる。

特に力を入れた取り組み及び成長に繋がったと感じる経験

（インターンシップ中の自主的な活動）
プログラムとして用意されているメニューや、アルバイト、パート従業員向けのマニュアル作りに参加するだけでなく、自発的に競合店の観察を行い、気付いたことをレポートにまとめて提出。

（スキルアップに繋がった経験）
パートさんや学生アルバイトの指導。自分より年長のスタッフを指導することに戸惑いを覚えたが、パートさんのこれまでの経験に敬意を払い、ときには相談をもちかけて関係向上に役立てる。難しいと感じたことを乗り越えるために、自分なりの方法を模索する姿勢を持つことで、インターンシップ後にも役立つ財産を得られる可能性が高まる。

2-15 実際のプログラムをチェック！「業務体験（営業同行＋ロールプレーイング）型」

　実際に、お客様宅へ訪問する社員に同行できるプログラムです。加えて、ロールプレーイングによって、短い期間で志望職への理解を深められる点は、「営業同行＋ロールプレーイング体験型」プログラムの利点です。

　ロールプレーイングでは、例えば、営業社員役の学生がお客様役の社員へ、商品の売り込みや商談を持ちかけます。「お客様に商品の説明を聞いてもらうことの難しさ」を知ることができるでしょう。雑談を交えて自分の話に興味を持ってもらうためのコミュニケーションがとても重要になってきます。お客様のさまざまな質問に答えるには、豊富な商品知識が欠かせない、ということも実体験として理解できるはずです。

　販売職志望の学生は、店舗の実習と接客や商談のロールプレーイングがセットになっているプログラムを選びましょう。

 ## 業務体験（営業同行＋ロールプレーイング）型のプログラム例

1日目	・業種全体像の説明を受ける　※A
	・基本的な挨拶や声の出し方など、ビジネスマナーを学ぶ　※B

※A：企業研究では企業規模の違いに意識が向く傾向が強い中、実際は同じ業種でも、対象とする顧客や提供しているサービスの強みなど企業ごとの特徴に違いがあることを学べる。こうしたプログラムを経験することで、企業研究の目を養うことができる。

概要

プログラム
内容

選び方・
応募方法

自己分析・
自己PR

志望動機

面接対策

GW・GD

必須
マナー

参加後の
取り組み

※B：ビジネスマナーを学ぶことは就職に向けて大きな収穫となる。発声や立居振舞の違いで、自分に対する周囲の人からの評価には違いが生まれるもの。自身の成長のために、素直な向上心を持って取り組むことが大切。

2日目　　・窓口応対・電話応対のロールプレーイング　※C
　　　　　　　・実際に個人のお客様方へ同行訪問　※D

※C：電話応対はビジネスの基本の一つ。「お電話ありがとうございます」「お待たせいたしました」「承りました」といった言葉がスムーズに出ないことや、電話対応をしながら、相手の名前や要件の内容をメモすることが想像以上に難しいことを体験し、一見、簡単そうに見える業務も侮れないと認識する。社会人になるためには、多くのことを学ぶ必要があるということに気付ける。

※D：緊張のため、簡単に思えた名刺交換ですら声や手が震え、「練習したことを満足に発揮できなかった」と落ち込むこともある。「今のままでは社会人としてやっていけないのでは」という不安を抱くのではなく、自分に足りないことが明確になったのだと前向きに考えることが大切。

3日目　　・営業のロールプレーイング及び指導社員からのフィードバック　※E

※E：「社会常識を知っているだけでは、使いこなすことができない」と実感することも収穫の一つ。卒業して企業へ就職すれば、社会人になるが、それはラベルの種類が変わっただけで、自分の中身が自動的に変わるわけではない。学生生活を通して社会の常識を勉強し、実践する機会があれば積極的に培ったものを試すことが大切。

2-16

実際のプログラムをチェック!「課題突破1week宿泊型」

　施設での宿泊が伴うプログラムを通して、密度の濃い体験を得られるのが以下に紹介するプログラムです。

　このプログラムの場合は、最終日に実施するプレゼンテーションの内容で、チームの順位が決まります。「同世代の学生と真剣にグループワークへ打ち込みたい」「グループ活動で自分の能力を試し、そして開発したい」といった目的を持つ人に向いているプログラムです。

ビジネスモデル企画立案チーム戦 1week宿泊型のプログラム例

1日目	・会社概要・沿革の説明 ・中期事業計画を通しての経営展望の説明 ・グループワーク課題「ビジネスモデルの企画・立案」の説明　※A

※A：会社が中期事業計画を策定していることを知ることを通して、ビジネスは将来のビジョンを持ちつつ、ビジネスの種をまくことが大事だと気付く。ニュースにアンテナを張る意識が芽生える。

2日目	応募時に希望した事業部門に配属され（1事業部門につき2チーム。各チーム3人。計8チーム、24名）、職場訪問。事業の仕組みやトレンドの説明を受ける

概要

プログラム
内容

選び方・
応募方法

自己分析
自己PR

志望動機

面接対策

GW・GD

必須
マナー

参加後の
取り組み

| 3～4日目 | AM | デスク訪問
社員の隣で業務観察。使用しているソフトや現在取り組んでいる案件の説明を受ける |
| | PM | 顧客訪問同行　※B
顧客が何を求めているか、どのような問題を抱えているかを通して、少しでも新ビジネスのヒントを得ようと、顧客と社員の商談に真剣に耳を傾ける。また、移動中に社員からヒントを得ようと、コミュニケーションをしっかりととる
「今、特に注目していることは何か、その理由」を聞き取ることを、チームの打ち合わせで決めていた。夕食後、メンバーで集まり、同行訪問や移動中に収集した情報を共有し、プレゼンの準備を継続する |

※B：社員と積極的にコミュニケーションを図ることが大切。社員は、自分の将来ビジョンの形成に繋がるヒントの塊。また、「社会人の心得」の教科書でもある。

| 5～6日目 | 終日、チーム単位で企画・立案のための情報収集とプレゼンテーション資料作り、及び発表シミュレーションに費やす。真剣な仲間たちとの共同ワークが楽しくて、あっという間に時間が過ぎる。 |
| 最終日 | プレゼンテーション対抗戦
・1回戦
各事業部に配属された2チームでの対抗戦。各15分の持ち時間でプレゼンを実施
プレゼンチーム以外は控室で待機しているため、他チームのプレゼン内容を知ることはできない。
・2回戦
1回戦との違いは、社員からの質問に応答しなくてはならないこと。評価・講評の後、優勝チーム決定
・社長へのプレゼン
優勝チームのみ、社長にプレゼン実施。社長から直々に評価・講評を受ける
・終了後、懇親会 |

懇親会もインターンシップの大切なプログラム

　懇親会では、社員やインターン生との交流を楽しむのと同時に、社会人とは何かを学ぶ「学びの機会」としましょう。立食パーティー形式の場合は、精力的に歩き回っていろいろな社員と会話することをお勧めします。社員に「ありがとうございました」と声をかければ、「インターンシップはどうだった？」といった反応があるものです。お礼や挨拶は会話のきっかけになります。勉強になったことや、自分に足りないと感じたことを率直に打ち明けてみましょう。

　また、あなたにとって、インターンシップで知り合えた仲間は、インターンシップで得た最大の財産といえます。気の合ったインターン生とは、連絡を取り合えるようにしておくのもよいでしょう。

懇親会に参加したある学生の例

18:00 〜 20:00	懇親会　※A
20:00 〜	緊張感から解放され仲良くなったインターン生と話が盛り上がる
後日	特に仲良くなった学生たちとインターンシップの情報交換。

以下は学生の感想です。

※A：学生 20 名に対し、さまざまな部署の社員が 30 名ほど参加。質問すれば気さくに答えてくれるフランクな雰囲気が嬉しかったです。部長クラスの社員もいて、さまざまな社歴の方と交流ができました。10 〜 20 年後、自分が働いているイメージがわきました。

第**3**章

自分に合った インターンシップの 選び方、応募の仕方

　会社と仕事を理解するうえでは、「業種」と「職種」という二つのキーワードが重要になります。自分に合ったインターンシップを選ぶために、まず、この業種と職種について理解を深めていきましょう。

　そして、プログラムを選び、参加するまでの流れを時系列で追いながら、何を考え、どう行動すればよいかをイメージしましょう。

―――――――――――― 著：**岡茂信**

概要

プログラム
内容

選び方・
応募方法

自己分析・
自己 PR

志望動機

面接対策

GW・GD

必須
マナー

参加後の
取り組み

3-1 インターンシップの選択に必要な「業種」と「職種」を理解しよう

　大学を卒業した後に、就職する可能性が高い業種や、就きたい職種と関連するプログラムを選べば、自分の未来像をよりリアルに体感できます。しかし、現時点では志望業種が定まっていない学生や、そもそも業種や職種を明確に区別できていない人もいるでしょう。そこで、業種と職種について順番に紹介します。

　業種とは、世の中の会社を事業内容でグループ分けしたときのグループ名ととらえると分かりやすいでしょう。本書では、「メーカー」「商社」「小売」「金融」「サービス」「マスコミ」「IT、通信」「官公庁、公共団体」の8グループに分けています。事業とは、「道路や橋の建造、補修を通して社会に貢献する」など、会社活動の中心に位置するものです。学生の多くは就職して取り組みたい事業を見つけた結果、それをベースに入社したい会社を探せるようになっていきます。このような背景から考えると、業種についての知識を深める大切さが実感できるでしょう。

　職種とは、企業の中で各従業員が担うさまざまな職（＝業務）のことです。「商品企画を担う人」「販売計画の立案を担う人」「工場を最適に稼働させることを担う人」「原材料の仕入れを担う人」など、いくつものチームワークで会社は成り立っています。やりがいを持って働くためにも、チームに必要とされるためにも、「自分の能力や知識を生かせる」自分が担いたい職を見つけることが大切になります。

「業種」とは、たくさんの会社を事業内容でグループ分けしたもの

物を作る「メーカー」	食品・自動車・住宅・精密部品会社など
消費者に物を買う場所を提供する「小売」	デパート、スーパー、コンビニなど
顧客満足を追求する「サービス」	旅行、不動産、コンサルティング会社など
先端技術で社会をリードする「IT、通信」	ネット関連・ソフトウェア開発会社など
取引と取引を仲介する「商社」	総合商社、専門商社、卸売会社など
信用と知識を資源とする「金融」	銀行・証券・生命損害保険会社など
情報収集や発信で社会貢献する「マスコミ」	放送、出版、広告会社など
国民や地域に奉仕する「官公庁、公共団体」	中央省庁、地方公共団体、警察など

「職種」とは、企業の中で担う仕事の種類のこと

「提案・行動系」の職種	営業職、広報・宣伝職、記者職など
「専門知識・開発系」の職種	研究職、経理会計職、設計職、プログラマー職など
「応援・サポート系」の職種	講師職、総務職、販売・接客職、一般事務職など

概要

プログラム内容

選び方・応募方法

自己分析・自己PR

志望動機

面接対策

GW・GD

必須マナー

参加後の取り組み

3-2 まずは「志望業種」を 決めることが重要

インターンシップへの応募に際して、「業種なんて決めなくて、知っている企業から選んではダメなの？」という質問をよく受けます。しかし、知名度の高い企業はインターンシップも人気があり、受け入れ人数に対して何倍もの応募者が集まります。当然ながら参加のハードルは高まり、希望した会社のインターンシップに参加できない可能性があります。そうした場合、第一希望の企業と同業の会社を候補にできるように、ベースとなる「業種」は決めておきたいものです。

そこで、3-1で紹介した八つの業種を改めて確認してください。そこから、興味のある業種、もしくは興味をもてそうな業種を三つ選んでみましょう。

もし、知識がないなどの理由で、業種を選ぶのが難しいと感じるなら、八つの業種の説明にある以下のキーワードに注目して、「面白そう」「社会に必要だと思う」「自分の価値観と合っていそう」などと感じるものから選ぶとよいでしょう。

「作る」「消費者に場を提供」「顧客満足度の追求」「先端技術」「仲介」「信用と知識」「情報収集・発信」「奉仕」

次に、自分が選んだ三つの業種名と、思い浮かぶ製品や仕事のイメージを以下のワークシートに自由に書き込みましょう。メモをすることは、その業種に対する知識を整理したり、業種への理解を深ることの第一歩になります。

あなたの志望業種TOP3

	業種名	思い浮かぶ製品や仕事のイメージ
第一志望		
第二志望		
第三志望		

自己分析・自己PR

志望動機

面接対策

GW・GD

必須マナー

参加後の取り組み

3-3 マイナビなどのWebサイトでインターンシップ・仕事体験情報を検索してみよう

　志望業種を選択すれば、参加するプログラムを選ぶ下準備はできました。そこで、マイナビなどのインターンシップ・仕事体験情報サイトにアクセスし、志望業種を軸に、各企業が提供するインターンシップのプログラム検索をしてみましょう。

志望「業種」を軸にしたプログラムの検索例

手順1 業種を検索の軸とする

　インターンシップのプログラム検索ページで、検索条件として「業種」を選び（業種にチェックを入れ）検索を始めます。

●業種を軸にプログラムを検索

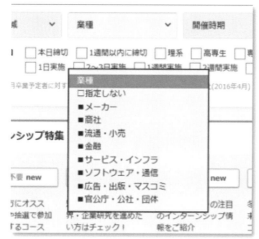

概要

プログラム
内容

選び方・
応募方法

自己分析・
自己PR

志望動機

面接対策

GW・GD

必須
マナー

参加後の
取り組み

☞手順2 主力事業で絞り込む

業種にチェックを入れ検索すると、例えば「主力事業内容」などのように、さらに絞り込むための入力欄が現れます。志望業種がメーカーならば、「自動車を作りたいのか？ スポーツ用品を作りたいのか？」と考え、自分の興味と結びつくものにチェックを入れましょう。

●主力事業で絞り込む

業種	✓ メーカー	商社	流通・小売	金融	サービス・インフラ	ソフトウェア・通信
	広告・出版・マスコミ	官公庁・公社・団体				

メーカー	✓ 農林・水産	✓ 食品	✓ 建設・設備関連	✓ 住宅・インテリア	✓ アパレル・服飾関連
	✓ 繊維・紙・パルプ	✓ 化学・石油	✓ 薬品・化粧品	✓ ゴム・ガラス・セラミックス	
	✓ 鉄鋼・金属・鉱業	✓ 機械	✓ プラント・エンジニアリング	✓ 電子・電気・OA機器	
	✓ 自動車・輸送用機器	✓ 精密・医療機器	✓ 印刷・事務機器・日用品		
	✓ スポーツ・玩具・ゲーム製品	✓ その他メーカー・製造関連			

● 主力事業に限定する　　主力事業に限定しない

☞手順3 プログラムを選び応募する

手順2の結果、検索条件に合う企業のプログラムが表示されます。体験できる内容、開催地域や時期を確認して選びましょう。応募は、ナビゲートにそって入力を進めれば、手続きを完了させることができます。

●プログラムを選択し、応募する

```
株式会社A
業種　自動車メーカー
    文系学生対象「ロールプレーイングを通して営業職理解を深めるコース」
        「開催地域　○○県」「開催時期　2月21日〜2月23日」「応募締切　1月8日」
    理系学生対象「工場見学と生産管理技術を学ぶコース」
        「開催地域　○○県」「開催時期　2月21日〜2月23日」「応募締切　1月8日」
株式会社B
業種　スポーツ用品メーカー
    全学部対象「スポーツ用品市場の将来展望を学ぶコース」
        「開催地域　○○県」「開催時期　2月25日〜2月26日」「応募締切　1月15日」
```

3-4 体験内容の確認と同時に、業種や仕事に関する知識を収集しよう

インターンシップ・仕事体験情報サイトの検索結果に表示される各企業のプログラム内容を読んでみましょう。もし、抽出されたプログラム数が少ない場合は、主力事業の範囲を（例えば「自動車」「スポーツ用品」だけでなく「住宅」や「アパレル」まで）広げて、選択肢を増やす必要があります。

次に、応募過程を利用して、業種や職種に関する知識を増やしましょう。方法は簡単です。記載されたプログラムの内容を読みながら、「重要だと感じるキーワード」や「専門用語だと思われる英文字」を業種ごとに分けてメモするだけです。そしてメモしたキーワードや英文字を、インターネットを使って用語検索し、理解した内容をさらにメモするといいでしょう（最初は、解説を読んでも、さっぱり頭に入らないかもしれませんが、問題ありません。よく理解できない状態でも学習は進んでいるのです。ある時点から、突然、理解が進むようになります）。

プログラムの内容を読んで理解が進めば進むほど、業種や職種に関する知識が深まっていきます。ここでの知識は、後にインターンシップの「応募動機」を記入するときに役立ちます。

🔍 プログラムの内容を読みながら残すメモ例

志望している 3業種	プログラムの内容を読みながら残すメモ欄
メーカー (自動車)	生産管理・SCM(サプライ・チェーン・マネジメント) IE(Industrial Engineering)業務 法人営業職 「提案型営業」

> 法人の他には、
> どのような分類が
> あるのかな?
> 提案型営業という言葉は
> 覚えておこう

> ネットで
> 調べてみよう

🔍 プログラムの内容を読みながら残すメモ欄

志望している 3業種	プログラムの内容を読みながら残すメモ欄

3-5 参加までの全プロセスをイメージできるようになろう

　参加を決意しても、「参加までに、いつ、何を、どうすればよいか」がイメージできていないと、行動を起こしにくいものです。そこで、ある学生の例をもとに、インターンシップとの出合いから参加までを時系列にそって確認してみましょう。

🔍 インターンシップ情報収集開始から参加までのプロセス例
（金融業界を志望する学生の場合）

インターンシップに参加する3カ月前

　インターンシップ・仕事体験情報サイトに登録。きっかけは、FacebookなどのSNSで目にしたインターンシップ広告。この結果、合同企業説明会への「お誘いメール」や「開催予告DM」が届くようになる。

Webサイトに登録してから2週間後

　定期的に合同企業説明会に参加。企業や仕事への興味を広げる。

●合同説明会参加メリット

　訪問カードを提出することで、各企業から「マイページ登録願い」などの案内が届く。企業に対し登録するというアクションを起こすきっかけ作りになる。

インターンシップに参加する2カ月前

　合同企業説明会では、個別の会社説明会開催日時情報も入手できる。会社説明会では、会社や仕事の、より深い情報を得られる。会社説明会の所

要時間は2〜3時間程度。

●会社説明会の内容の一例
・CEO挨拶（30分）
・人事担当者による仕事内容などの話（60分）
・学生4名と社員2名の座談会（10分×3回）
　興味をもった会社は、その日のうちに会社のWebサイトにアクセスし、応募に伴う手続きや選考の有無を確認することが大切。説明会や座談会で得た情報をメモに残しておくと、応募書類作成時に役立つことが多い。

●会社説明会参加メリット
　現場の社員から直接話を聞ける機会も多く、志望職に対する理解を深め、より興味のもてる職の発見に繋がる機会を得られる。（この学生の場合は、若手社員の話の内容や人柄に感銘を受け、コンサルタントから金融セールス職に志望変更）

インターンシップに参加する1カ月前

・書類の提出締切日は各社さまざまだが、説明会から、およそ2週間ほど先の場合が多い。ただし、中には応募情報入力締切日が説明会翌日で、Webテスト受験は入力後1週間以内というケースもある。まずは、締切日を確認することが大切。
・締切厳守。余裕をもたせて手続きや受験を済ませることが必須。
・書類選考が合格の場合、締切日から1週間程度で2次選考などの案内メールが届くと想定しておこう。（この学生の場合は、2次選考がある会社に応募。案内メールに記された3日程から最終日を選び、学生4名に対し社員1名の集団面接を受験。時間は20分程度。面接から4日後にメールで合格通知が届いた。翌日に合格通知が届いた会社もあったとのこと）
・合格者だけに連絡をする会社も少なくない。

2社の外資系企業のインターンシップに参加
　100%合格するという保証はないため、1社に絞るのではなく、並行して複数社進めることが大切。（この学生の場合は、4社、書類や面接で不合格となった）

概要

プログラム内容

選び方・応募方法

自己分析・自己PR

志望動機

面接対策

GW・GD

必須マナー

参加後の取り組み

3-6 応募したいと思った企業に参加できない場合の対処法

　例えば、インターンシップに参加したい企業（A社）があったとします。しかし、その企業がインターンシップを実施していない、募集を締め切っているなどで、そもそも応募すらできない場合があります。このような場合は次のように行動するとよいでしょう。

1.「同業他社」「開発分野やサービス・製造製品に共通性がある」「企業規模が同等」の3点を満たす企業を選びましょう。これらの条件を満たす企業であれば、希望のA社と共通する点が多いと考えられます。

2.ベンチャー企業に興味を持っている場合は、1に加えて、「現在の社長が創業者かどうか」「創業者のベンチャー精神を味わえるか」を確認するのもお勧めです。目的に合うかを吟味してください。

3.外資系企業に興味を持っている場合は、その企業が米国系、欧州系、アジア系のどれか、本社所在地がどこかも、判断材料になります。国民性や景気状況でさまざまな違いがあるからです。

4.研究開発型の上場企業（P.69参照）に興味を持っている場合は、1に加え「研究や開発をするための予算規模がどのくらいか」「今後、注力する分野」を有価証券報告書（P.69参照）などで調べましょう。

概要

プログラム
内容

選び方・
応募方法

自己分析・
自己PR

志望動機

面接対策

GW・GD

必須
マナー

参加後の
取り組み

💡「上場企業とは」

　上場企業とは、証券取引所を通じて自社の株式を広く公開している企業を指します。公開することで、自分の会社へ投資してくれる企業や個人投資家などを募るのです。

💡「有価証券報告書とは」

　東京証券取引所などに自社の株式を上場している企業は、株主や社会に対して有価証券報告書を開示する義務を負っています。有価証券報告書とは、売上や営業利益の推移、事業の状況や会社を取り巻く環境などについて、数字や文章でまとめた報告書です。これは、株主でなくとも、ネットで調べれば誰でも簡単に読むことができます。

　企業理解を深めるのに大変役立つ資料です。加えて、インターンシップにおいて課題突破型のプログラムを組む企業では、有価証券報告書を資料に使ったグループワークを実施する場合もあります。関心のある上場会社の有価証券報告書を一読しておいて損はありません。

　※数多くの企業の中で上場企業は、ほんの一握りです。そのため、興味をもった会社が、有価証券報告書（以降、有報）を発行していない可能性もあります。その場合は、志望業種をリードする上場企業の有報を一読することで役立つ情報を得られるでしょう。

3-7 業種は奥深く 裾野の広い世界と イメージしよう

3章を通して、「業種」と「職種」をキーワードに会社や仕事への理解、インターンシップの選び方について語ってきましたが、最後に業種について、もう少し詳しく説明しておきましょう。

業種には、「メーカー」「小売」「金融」など、八つのグループがあると説明しましたが、その一つひとつのグループは、さらにグループ分けできる、奥深く裾野の広い世界です。それをまずイメージしてください。

日ごろ、みなさんがよく目にする商品、サービスなどが形となり、みなさんの元に届くまでには、さまざまな企業が、その得意とする事業分野によって、かかわっています。

このインターンシップを機会に、どのような事業を営むグループがあるかを探求してみましょう。それらを細かく知るほどに、あなたが、興味や専攻にぴったりと合う仕事世界を見つける可能性が高まります

●メーカーを例にした業種の裾野の広さを表したイメージ

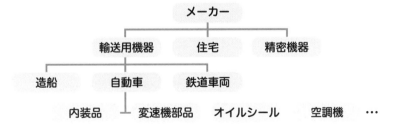

第4章

インターンシップ選考（1）「エントリーシート」に差がつく「自己分析・自己PR」のまとめ方

参加希望者が多い場合などは、参加者選定のための選考が行われることがあります。本章では、応募書類（エントリーシート）で、効果的な自己PRが行える方法を取り上げます。

具体的には、自分の性格や特徴、大学生活やアルバイトなどで得た経験などを整理する自己分析の方法や、それをESで頻出される課題に結びつけてセールスポイントとしてまとめていく工夫などを学びます。

各課題には、選考を突破した学生の自己PRをもとに作った例文も豊富に掲載しています。

――― 著：岡茂信

概要

プログラム内容

選び方・応募方法

自己分析自己PR

志望動機

面接対策

GW・GD

必須マナー

参加後の取り組み

4-1 インターンシップの 選考における応募書類とは

　参加できる人数や条件に制限のあるインターンシップに参加するには、応募書類（エントリーシート）や面接を通した選考を受けなければなりません。やはり選考を突破するためには、それなりの準備が必要です。

　そこで、ここではインターンシップの選考におけるESや、自己PRの文章を作るためのノウハウを説明していきます。

選考におけるESの位置づけ

　ここでは、ESと面接の2段階で選考する企業を例に挙げて、ESの位置づけを解説します。人事担当者がESでチェックするポイントは大きく分けて三つです。

ポイント① ゼミや研究室のテーマをもとに、実習に必要な基礎知識を有しているか？

ポイント② 志望動機が明確で、高い目的意識を持って応募しているか？

ポイント③ 自己分析を通して自分の強みを理解し、その強みを生かしてグループワークに取り組んだ経験があるか、もしくは課題突破力を持っているか？

概要

プログラム
内容

選び方・
応募方法

自己分析・
自己PR

志望動機

面接対策

GW・GD

必須
マナー

参加後の
取り組み

　この三つのポイントから選ばれた学生に対して、企業が面接を行うのは、ESから知り得た情報と実際の人物像にズレがないかを会って確認するためです。

　ESは、あなたにとっては企業に対して行う最初のアピールです。企業にとっては三つのポイントにおいて学生の可能性を確認するための資料となります。どちらの立場に立っても、選考におけるESの役割はとても重要です。

　実際に、多くの学生がその重要性を理解し、ESの作成には時間と労力を費やしています。しかし、複数の企業にESを提出する場合などは、それが大きな負担となってしまいます。そこで、本章ではより効率的にESを作成するためのポイントを解説していきます。

 「ESに貼る顔写真は大切なアピール項目」

　Web応募の場合、ESは各企業の「マイページ」などと呼ばれるページ上に、自分で文章を入力して作成します。そして完成したESを企業あてに送信する流れが一般的です。このとき、顔写真のデータをESに添付しますが、この顔写真は大切なアピール項目であることを意識しましょう。

　写真は、しっかりとスーツを着用し、髪形を整えた格好で撮影したデータを使います。証明写真を扱う写真館などで、表情についての指導を受けながら撮影するのがお勧めです。撮影した写真は、プリントしたものを購入するのではなく、データで購入しておくと便利です。

4-2 ES作成に必要な 自己分析とは

　ESを通して伝えることは、あなたの人物像です。そのため、「自分はどのような人間なのか？」をしっかりと理解することが大変重要です。この、しっかりと理解するための取り組みを「自己分析」といいます。この自己分析で、最初に明らかにしなくてはならないのは、以下の2点です。

1.「自分が興味を持っている仕事（業種や職種）は何か？」
2.「自分の長所や特徴は何か？」

　実は、1については、3-2「まずは「志望業種」を決めることが重要」の項目ですでに触れています。そのためここでは、解説を省き、2の「自分の長所や特徴は何か？」について、次項の4-3以降で詳しく解説していきます。

　まず、2のポイントを明確にするために「自己PRにふさわしい経験を絞り込む」作業を行いましょう。そこから少しずつ、段階を踏んで自己分析が進められるように工夫したいと思います。それが結果的には、着実な自己分析となりますので、慌てずに取り組んでみてください。

🔍 自己分析の全体像

概要

プログラム
内容

選び方・
応募方法

**自己分析・
自己PR**

志望動機

面接対策

GW・GD

必須
マナー

参加後の
取り組み

業種・職種・会社研究を通して、
自分に適した仕事を分析する
「適職分析」

魅力を感じる
仕事を探す

適していそうな
仕事を推薦して
もらう

「自分を知る」

自分自身で
経験を振り返り
自分の長所や特徴を
分析する
「自己分析」

自分の長所・特徴や
価値観を確認する

先輩や友人などの
他者の目を通して
自分の長所や特徴に
気付く
「他己分析」

4-3

自己PRにふさわしい 経験を絞り込む

　自分の長所や特徴が「発揮できた」「伸ばせた」と思える経験をリストアップしてください。リストアップすることで、頭の中が整理できます。そして、整理した経験を箇条書きなどにして、リスト化すると、視覚的な理解が進むので、自分を見つめたり振り返ったりする作業がやりやすくなります。

　それでは実際にやってみましょう。右の例のようにワークシートを作成し、これまでの経験を書き出してみてください。

　ワークシートは、縦軸が「難易度」、横軸が「成長度」を表します。縦軸は上にいくほど取り組んだものの「困難さ」が高く、横軸は右にいくほど、それで得た「成果」が大きいものです。この二つを軸とする理由は、自分の長所や特徴が、「発揮できた」「伸ばせた」ことを目で見て分かりやすくするためです。アピール力のある自己PRの作成の際にとても役立ちます。

※ P.77 の例のようにワークシートにリストアップ後、家族や友人に見てもらうのも良い考えです。あなたが過小評価している経験が、実は周囲からは高く評価されているなどの気付きを得られることがあります。

これまでの経験のリストアップ例

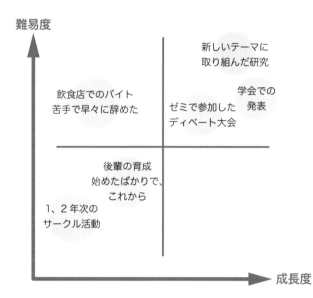

プログラム
内容

選び方・
応募方法

自己分析・
自己PR

志望動機

面接対策

GW・GD

必須
マナー

参加後の
取り組み

　難易度が高く、成長度も多い場合は、右上のブロックに位置されます。この経験が自己PRの題材として最適です。以下に上記の例に沿ったメモ例を作成したので参考にしてください。

経験内容と成果の説明のメモ例

右上にリストアップされた経験	成果の説明
研究活動	実験テーマが新しいものだったため、学外の同じテーマに取り組む教授や企業の研究者に指導を仰いだ。新しい手法などを考える力を養え、人脈を広げられた。
学会での発表	
ゼミで参加したディベート大会	

4-4 リストアップした経験を通して、あなたの長所や特徴を確認しよう

　4-3でリストアップした経験に、どのような長所や特徴が含まれているかを確認しましょう。長所や特徴は、自己PRにおいて自分のアピールポイントになります。

　確認作業を進めやすくするために、代表的な長所や特徴を12種類挙げてみました。あなたに合うものがあるか探してみてください。自分の考える長所や特徴が、当てはまらない場合は、その他として13及び14に記入しましょう。

代表的な長所や特徴

1. 進んで取り組む力
2. 周囲に働きかけ、巻き込む力
3. 目標を設定し努力する力
4. 現状を分析し課題を明らかにする力
5. 困難から逃げず粘り強く取り組む力
6. 新しい手法などを考える力
7. 意見を他者に分かりやすく伝える力
8. 相手の意見を傾聴する力
9. 自分と違うキャラクターの人と協調する力
10. ルールや約束を守る力
11. チームの問題に対する当事者意識の強さ
12. よい雰囲気のチームを作る力

概要

プログラム
内容

選び方・
応募方法

自己分析・
自己PR

志望動機

面接対策

GW・GD

必須
マナー

参加後の
取り組み

13. その他（ 　　　　　　　　　　　　　　　　　　 ）
14. その他（ 　　　　　　　　　　　　　　　　　　 ）

　次に、4-3でリストアップした各経験に応じて、発揮した長所や特徴の番号を記入しましょう。これにより、さまざまな自己PRの課題に対して、最適な経験を選びやすくなります。

　例えば、「チーム活動」系の課題ならば、2、9、11、12が含まれる経験を選びます。「問題解決」系の課題ならば、4、5、6が含まれる経験を選ぶとよいでしょう。

経験に対応させて発揮した長所・特徴を整理する

4-3でリストアップした経験		4-3でリストアップした経験で発揮した長所や特徴				
記入例	研究活動	1	3	4	6	7
	学会での発表	3	4	5	7	
	ゼミで参加したディベート大会	2	9	11	12	

4-5 自己PR文の作成を通してメモが大切なことを理解しよう

　自己分析を通して長所や特徴の理解が進みましたので、ここから「自己PR」の文章を作成する段階へ移ります。

　ここでは、文章の作成をスムーズに進めるための準備から始めます。面倒に思う人がいるかもしれませんが、このような手順を着実に一つひとつ実践していくことが、遠回りするようで、実は最も効率的な手段なのです。「自己PR作りは急がば回れ」と思って、取り組んでいきましょう。

👉 手順1

　自己PRの文章は、課題に沿って作ることが必要です。まずは、その課題で問われている要素を整理し、それに合う自分の経験を4-4のワークを基に選びましょう。例えば「これまでにあなたがチームの一員として取り組んだプロジェクトにおいて、自分の果たした役割や貢献、そこから得た反省点を記入してください」という課題が出たとします。このとき、この課題に対する自己PR文に含めなくてはならない要素は、以下の三つです。

・チームで取り組んだプロジェクト
・自分が果たした役割・貢献
・プロジェクトを終えての反省点

　ここでいったん、4-4の作業を振り返りましょう。すると、チームというキーワードからは、2、9、11、12のいずれかが含まれる経験を選んで、文章に反映させればよいことが分かります。

☞ 手順2

　次は、自己PRに含めなくてはならない三つの要素に沿って、手順1で選んだ「経験」に関連する記憶をさらに細かくメモします。時系列は意識せずに、頭に浮かんだままで問題ありません。

　ここでは、手順1で「ゼミで参加したディベート大会」の経験を選んだ場合の例を紹介します。

 **「ゼミで参加したディベート大会」に関連した記憶**

> 「チームで取り組んだプロジェクトについての記憶」
> ・ディベート大会の内容
> ・4年生5名、3年生16名（チームの規模）
> ・大会3カ月前から準備開始。日曜以外は、ほぼ毎日（活動期間）
>
> 「自分が果たした役割、貢献についての記憶」
> ・大会の評価ルールの読み込み
> ・先輩から指示された文献の読み込み。10冊以上。毎日2時間以上は読む。
> ・判例や学説など、チームの主張を有利に進めるための材料集め。数にして100以上。最終的に3つに絞った。
> ・各人の作業結果をまとめ、先輩に提出
> ・スケジュール作成と進行管理の補佐
>
> 「プロジェクトを終えての反省点についての記憶」
> ・主張に有利な材料集めから取り組んだこと。もっと、法律の根本にあるものの研究に時間を割くべきだった。

ESでの自己PRには、「400字以内」などのように文字数制限があります。指定された文字数内で、かつ9割以上の文字数となるように作成しましょう。400字以内の設定ならば360～400文字が理想です。慣れないうちはいきなり400字にまとめるのが難しいので、まずは、手順2のメモをつなげた200字程度のベースラインを作るところから始めるとよいでしょう。

200字程度の自己PR例文
（ベースラインとなるもの）

チーム活動は、ゼミで参加したディベート大会です。4年（先輩）5名と3年16名の計21名で、大会3カ月前から準備を開始しました。

私は、「主張を有利に展開するための判例や学説集め」を主に担いました。ほぼ毎日、文献を2時間以上読み込み、まずは100以上の材料を抽出した後に、3つに絞り込みました。

反省点は、主張に有利な材料集めから取り組んだことです。もっと、法律の根本の理解に時間を割けば、より説得力の高い論を展開できたと反省しています。（約210文字）

このように、手順2で作成したメモをつなぎ合わせれば、200字程度の文章をあまり悩まずに、作成することができます。最初から完成度の高いものを書こうと白紙のままで考え続けるよりも、このように簡略化したベースラインを作ったうえで、「もう少しよい内容へ書き直そう」と考えるほうが、結果的に早く、そして質の高い自己PR文を作成できます。

概要

プログラム
内容

選び方・
応募方法

自己分析・
自己PR

志望動機

面接対策

GW・GD

必須
マナー

参加後の
取り組み

👉 手順4

　200字程度のベースラインができれば、これを400字の内容に
まとめ直すのは比較的簡単な作業です。200字の文章に追加して、
伝えたいことを、もう一度整理してメモしましょう。

　経験してきたことに対する「結果や成果」「成長できたこと、自
信がついたこと」「エピソード（悔しいシーン、うれしいシーンなど）」
「他者からの評価」「工夫したこと、心がけたこと」などは、どのよ
うな課題にも盛り込める、自己PRの定番ともいえる要素です。

🔍 自己PRの定番ともいえる要素のメモ例

「結果や成果」
・日本大会では優勝、しかし世界大会では予選落ち。

「成長できたこと、自信がついたこと」
・文献を読む力、理解する力がレベルアップ。
・毎日、脳みそを酷使できるようになった。

「エピソード（悔しいシーン、うれしいシーンなど）」
・予選落ちという結果に、悔しくて泣いた。

「他者からの評価」
・先輩から、「この3カ月、よく頑張ったね」とねぎらいの言葉をかけられた。

「工夫したこと、心がけたこと」
・文献読みでは、曖昧な理解のまま読み進めず、一文言ごと、しっかりと
　調べた。

手順3で作成した「200文字程度の自己PR」に、「自己PRの定番ともいえる要素のメモ」をつなぎ合わせて作成した400字以内の自己PR文が以下です。

 ## 400文字以内の自己PR例文

> 　私が最も力を注いだチーム活動は、4年（先輩）5名と3年16名の計21名のゼミ生で挑んだディベート大会です。大会3カ月前から準備を開始しました。
> 　私は、「主張を有利に展開するための判例や学説集め」を担いました。ほぼ毎日、文献を2時間以上読み込み、まずは100以上の判例などを抽出した後に3つに絞り込みました。文献読みでは、曖昧な理解で読み進めぬよう心がけ、一文言ごとに調べました。そのため、最初は1頁を読むのに2時間以上かかることもありました。
> 　結果は、日本予選では優勝でしたが、世界大会では予選落ちでした。悔しくて泣いてしまいましたが、世界レベルの学生の能力の高さを知ったことは、良い刺激となりました。
> 　反省点は、短絡的に「主張に有利な材料集め」に傾注したことです。もっと、法律の根本の理解に時間を割けば、より説得力の高い論を展開できたのではと反省しています。**(376文字)**

　最後に、この例文を、400文字ぴったりにするならば、どうすればよいかを考えてみましょう。例えば、「現在は、この反省に立って勉強に取り組んでいます。」と「現在のネタ」を付け加えられます。「〜で成長しました。現在は、この成長を土台にして〇〇に取り組んでいます」など、より現在に向かって自己PRを構成する方法も頭に入れておきましょう。

グループ活動ネタで自己PRを作成させる 企業の意図

　企業の活動を一つのグループ活動ととらえるのであれば、学生が行うグループ活動は、いわば企業の活動の縮小版ともいえます。つまり、「これまでにあなたがチームの一員として取り組んだプロジェクトにおいて、自分が果たした役割や貢献、そこから得た反省点を記入してください」という課題は、「その学生が会社で働いたときにどんな役割を果たしてくれるのか」を測る指標となるわけです。

　こうした課題で自己PRの文章を作成するためには、自分がチーム活動で発揮できる長所や特徴の分析ができていて、しっかりとアピールにつなげられる必要があります。

　このとき、「チーム活動と言えば、リーダーとしての経験がなければアピール力が無い」と誤解しないでください。会社には、リーダータイプも必要ですし、リーダーを支えるタイプも必要です。

　まずは、自分はリーダータイプか、リーダーを支えるタイプかを考えてみましょう。これは比較的すぐに答えを出せるはずです。

　リーダータイプならば、「ぐいぐい引っ張るタイプか、メンバーの合意を重視しながら進めるタイプか」などと自己分析してみましょう。リーダーを支えるタイプならば、どのような面でその力を発揮できたかを思い起こしてみましょう。例えば、サークルで会計係を担当したならば、管理面で支えたわけです。合宿係ならば段取り面で支えていたわけです。

概要

プログラム
内容

選び方・
応募方法

自己分析
自己PR

志望動機

面接対策

GW・GD

必須
マナー

参加後の
取り組み

4-6 自己PR作成で陥りがちな失敗例を確認しておこう

　自己PRの文章を作ることに慣れてくると、夢や理想を語る「口当たりが良い」文章を作りがちです。しかし、これは大きな落とし穴です。なぜなら、「口当たりが良い」内容の自己PRは、イメージばかりが先行して、具体的な個人の経験が含まれていない場合が圧倒的に多いからです。

　自己PRで最も大切なことは、あなたの人物像を正しく伝えることです。夢や理想ではなく個人的な経験に基づく、現実的で具体的な話こそ欠かせないものなのです。印象の良さを追い求めて、具体性を欠いた文章にならないよう気を付けましょう。

　以降で典型的な失敗例と成功例をお見せしますので、具体性とは何か、個人的な経験に基づく話とは何かを考える参考にしてください。

 ## 具体性の欠けた自己PR文の失敗例

> 　私は将来、恵まれない環境で生まれ育った子供たちにチャンスを与えられる人間になりたいと考えております。そこで、例えば、「十分な教育が行き届いていない国の子供たちのために学校を建てる」、「一日に必要な水の確保もままならない地域の子供たちのために井戸を掘る」などに、将来は取り組みたいと考えています。
>
> 　このようなことを実現できる力を持った人間に成長しようと、現在は、学校の勉強に力を注いでいます。

概要

プログラム
内容

選び方・
応募方法

自己分析
自己PR

志望動機

面接対策

GW・GD

必須
マナー

参加後の
取り組み

（解説）

　作成者の具体的な人物像をイメージできず、読後に残る印象は
「学校を建てたり、井戸を掘ったりするボランティア活動に興味が
あるのかな」と感じるくらいです。

 ## 具体性のある自己PR文の成功例

> 　私の趣味は旅行です。旅行中はもちろん、旅行計画を立てるとき、撮っ
> た写真を整理するときも含めて楽しくて仕方がありません。これまで、ア
> ジアを中心に4カ国を訪問しました。
> 　旅行費用を稼ぐためには、アルバイトが欠かせません。そのため、サー
> クルには所属せず、飲食店で週4日働いています。接客業を選んだのは、
> 旅行で必要な初対面の人に気軽に声をかけられる能力を高めたかったから
> です。

（解説）

　旅行を軸に毎日を楽しく、かつ明確な目的意識を持って生活して
いる人物像をイメージすることができ、「旅行について話し出した
ら止まらないのだろうな」といった印象を与えることに成功してい
ます。

　あなたの作った自己PR文が、どちらの例文に近いかを家族や友
人に読んで判定してもらうことをお勧めします。作成した自己PR
文を第三者に読んでもらうことで、客観的なアドバイスをもらえれ
ば、自分では気付かなかった長所や特徴を自己PR文に盛り込む
きっかけになります。これはESのレベルアップを図る近道です。

4-7 結論先行型で、冒頭を魅力的な文章にする大切さを理解しよう

　一般に文章は、複数のパートで成り立っています。代表的なのが「起承転結」の四つのパートです。そこで、「起承転結」について確認し、次に、それを自己PRの構成にどう生かせばいいかを解説します。

起承転結とは

「起」はドラマならば登場人物の設定紹介パートであり、例えば、「仕事はできるけれど、いまだ独身。お茶目なタイプ」などの人物設定が描写されるパートです。学生生活を題材とする自己PRならば、「アルバイトやサークルで○○係を担当している私。裏方から支えるタイプ」と自分を設定する学生もいるでしょう。

「承」は、自己PRを盛り上げるための状況設定が示されるパートです。代表的なのは「目標と困難な状況を示すエピソードとのセット」。例えば、「TOEICで800点突破を目標に2年間勉強を続けているが、どうしても突破できない」といったものです。

「転」は、承で示した「困難な状況」が展開するパートになります。文章の山場であり、「いかにして困難を乗り越え、目標達成を目指したか」を書きます。ここで最も重要なのが「いかにして」の部分です。「承」で書いた困難をどうやって乗り越えたのか、その取り組みの説明に力を注いで書くようにしましょう。例えば、「リスニングしながら耳でも理解する勉強法に変えた」などです。

概 要

プログラム
内容

選び方・
応募方法

自己分析・
自己PR

志望動機

面接対策

GW・GD

必須
マナー

参加後の
取り組み

「結」は、結果や結論を示すパートです。例えば「790点まで迫れた。突破できる手応えを得られた。勉強法を改善すれば結果がついてくることを学べた」など、「転」で書いた取り組みの結果と全体を通しての学びや、成長をセットで書くとよいでしょう。

 ## 起承転結で構成した自己PR例文

それでは、起承転結を生かして書かれた自己PR文をご紹介します。「あなたが大学生活で力を入れたことを通して学んだことは何ですか」という典型的な課題を例に選んでみました。

> 「起」大学生活で力を入れているのは、中学から続けている吹奏楽の活動です。3年生へ進級したときに部長に抜擢されました。
> 「承」部長に抜擢された期待に応えるために私が目標に掲げたのは、大会での優勝です。しかし、思うように演奏レベルが上がらず、悩む日々が続きました。また、焦りからか、自分のいら立ちを隠すことができず、部員とのコミュニケーションを悪化させてしまったように感じました。
> 「転」悩んだ私が、この状況を打開するためにしたことは、先輩への相談です。先輩は、「リーダーとは、メンバーの声に耳を傾ける労を惜しまない人なんじゃないかな」というアドバイスをくれました。そこで私は、翌日から部員の一人ひとりと話し合う時間を作りました。話を聞くことで、優勝という目標を身勝手に掲げた自分に気付き、反省したのです。そして部員に対し、目標を全員で考える、ということを約束しました。
> 「結」この結果、コミュニケーションを改善することができました。成績は前年と変わらず5位でしたが、全力を尽くしたという、やりきった気持ちで終えることができました。（転の取り組みの結果）
> この活動を通して、学べたのは、目標を掲げて人を引っ張るときは、一体感という土台作りが大切なことです。吹奏楽の活動で、その大切さを学びました。（全体を通しての学びや成長）

インターンシップの選考担当者は、多くの学生から提出された自己PR文を読むことになります。一人で数百人の文章を読むこともあるでしょう。それは、大変な作業です。つまり、読みにくい、という理由で全文を読んでもらえない場合もあるのです。そうなれば、当然、良い選考結果には結びつきません。自己PR文を書くときには「読んでもらえる文章を書く」という意識を持つことが大切なのです。

　読んでもらうには、相手が一番知りたいことを、最初に伝えることが重要です。相手が知りたいことは、課題に表れています。この課題の場合は、「力を入れたことを通して学んだこと」です。

「結論先行型」に構成し直した自己PR例文

　そこで、「読んでもらえる文章」の好例を紹介します。

　起承転結の順番を入れ替え、冒頭で課題に対する結論を示す「結論先行型」です。

　先ほどの文章を構成し直したのが、P.91の例文です。

　一行目で、読み手（選考担当者）の注意や興味を引くのが理想的です。

　具体的には、「全体の結論（この場合は学んだこと）→起→承→転→転の結果」という順番で構成します。

　P.91の例文のように、「学んだことは何ですか？」という問いに対する結論を冒頭で示し、そして、「転」の取り組みに対する結果で締めくくる「結論先行型」のほうが、明快で興味を持たせやすい構成であることを覚えておいてください。

概要

プログラム
内容

選び方・
応募方法

自己分析・
自己PR

志望動機

面接対策

GW・GD

必須
マナー

参加後の
取り組み

「全体の結論」吹奏楽部の部長職を通して、目標を掲げて部員を引っ張るためには、一体感という土台作りが大切なことを学びました。

「起」私は中学から現在まで吹奏楽を続けており、3年生に進級したときに部長に抜擢されました。

「承」その期待に応えようとした私が目標に掲げたのは、大会での優勝です。しかし、思うように演奏レベルが上がらず、悩む日々が続きました。また、焦りからか、自分のいら立ちを隠すことができず、部員とのコミュニケーションを悪化させてしまったように感じました。

「転」悩んだ私が、この状況を打開するためにしたことは、先輩への相談です。先輩は、「リーダーとは、メンバーの声に耳を傾ける労を惜しまない人なんじゃないかな」というアドバイスをくれました。そこで私は、翌日から部員の一人ひとりと話し合う時間を作りました。話を聞くことで、優勝という目標を身勝手に掲げた自分に気付き、反省したのです。そして部員に対して、目標を全員で考える、ということを約束しました。

「結」この結果、部員とのコミュニケーションを改善することができました。成績は前年と変わらず5位でしたが、全力を尽くしたという、やりきった気持ちで終えることができました。

※例えば、ミステリー小説の場合、「犯人は誰か」という結論が冒頭で明かされることは少ないでしょう。これは、犯人は誰なのかを知るために、やきもきしながら読み進めることを目的としているからです。

しかし、ビジネスシーンで扱う企画書や報告書などは、効率性の追求や無駄な時間の排除が優先されますので、読み手を「やきもき」させてはならないのです。ESはビジネス文章の一種と認識し、作成に取り組んでください。

4-8 文章の一行目を工夫する 方法をマスターしよう

少しひねったタイトルで、自己 PR の課題を出す企業もあります。その場合も、「冒頭が大切」の原則は当てはまります。まずは「自分をワンフレーズで表し、理由や体験をアピールしてください」といった課題を例に、一行目の工夫について考えてみましょう。

 ## 自分をワンフレーズで表し 理由や体験をアピールする自己PR例文

【パワフルな吸引機】
　教育機会の格差解消を目的とする NPO のスポンサー獲得活動を通して、複数の上場企業の代表取締役社長や CSR 室長にアプローチしました。その結果、数十台のタブレット端末及びインターネットアクセス権の無償貸与という協賛を得ることができました。
　協賛を獲得できたのは、NPO 活動の将来ビジョンや活動に携わる仲間たちの熱い思いを伝えることを通して、彼らの心を吸引できたからと自負しています。

※実際には、協賛を得た社名を具体的に記入し提出しています

冒頭（一行目）に、【 】付きで自分を表現するワンフレーズを記入することで、読み手の注意を引くという効果があります。このように自分をワンフレーズで表す方法は、この課題以外にも応用が可能です。冒頭（一行目）を工夫した他の例も見てみましょう。

**座右の銘を冒頭(一行目)で
活用した自己PR例文**

プログラム
内容

選び方・
応募方法

自己分析・
自己PR

志望動機

面接対策

GW・GD

必須
マナー

参加後の
取り組み

【真似をして楽をしたものは、その後、苦しむことに】

　この経営者の言葉を常に心に置いて研究活動に力を注ぎ、悪戦苦闘しながらも自力で研究を進める力を養っています。

　思い通りの結果を得られないことが何週間も続くと、先輩たちの研究プロセスを模倣したり、データを使ったりしたくなりますが、この言葉が私にブレーキをかけてくれます。

　もしかすると、先輩たちが残したデータを利用しないのは「要領が悪い」「非効率」と思われるかもしれません。

　しかし、試行錯誤をしながら、遅々とでも自力で進める研究生活を送ることが、将来の自分に役立つと考えています。

　座右の銘は、自分の価値観を表現する素材として最適です。この例文で活用したものの他には、「一念天に通ず(完遂する意識が高い)」「芸は道によって賢し(こだわりをもち専門家を目指す意識が強い)」「百尺竿頭に一歩を進む(目標設定を行うことを通して向上的であろうとする意識が高い)」などがあります。自分にぴったり合うものを一つ見つけておくと、とても役立ちます。

　座右の銘を、自分の特徴や長所に結びつけるためには、やはり自己分析が欠かせません。

4-9

PDCA構成を生かした
文章作成をマスターしよう

　ここでは、文章作成において効果的な方法をもう一つ紹介します。実際にESの自己PRで課される代表例の「学生時代の最大の挫折とそこから得られたもの」という課題を取り上げ解説します。この課題は、魅力的な自己PR文を作成しやすい形の一つです。

　魅力的な自己PR文とするポイントは、「起承転結」の「転」の部分を、
「P（Plan＝仮説に基づいた計画）」
「D（Do＝実行）」
「C（Check＝実行していることが思惑通りの成果を上げているかの評価）」
「A（Act＝改善）」
のPDCAサイクルで構成することです。

　PDCAとは、仕事の効率などを改善するときの考え方の一つです。仕事の改善とは、行動や作業のマニュアル化と、それに対する見直しや進化の繰り返しで成り立っています。そのため、「こうしたら、もっと少人数でできそうだ」「この部品の素材を変えれば耐久性が高まりそうだ」といった仮説を最初に立てることが重要です。その仮説にそって行動し、その効果を検証します。検証結果へもう一度アイデアを加え、改善するという繰り返しの姿勢が、ビ

概要

プログラム
内容

選び方・
応募方法

自己分析・
自己PR

志望動機

面接対策

GW・GD

必須
マナー

参加後の
取り組み

ジネスの世界では求められています。

　インターンシップに応募してきた学生が、このPDCAの考え方を身につけていたら、選考の担当者は必ず興味を持つでしょう。自己PR文で、その点をアピールできれば「この学生と会ってみたい」という気持ちを抱かせることもできるはずです。

 ## PDCAを含んだ自己PR例文

> 「まさかの不合格」。これが3カ月間、勉強に打ち込み臨んだ試験の結果です。「呆然自失とはこういう感じなのだな」と初めて知りました。そして、この日から再び3カ月にわたる再挑戦の日々を通して、効果を測りながら改善に取り組む大切さを実感することができました。
>
> 　脱力感は残っていたものの、不合格の翌日から勉強を再開し、まず、3カ月で得点UPが期待できる勉強法を考えました。私の立てた仮説は、「時間内に全問解答できるスピードを身につけることが重要になる」というものです（仮説）。まとまった時間が取れない場合でも隙間時間を見つけて、毎日「問題を解く2時間」と「解説を読む1時間」の計3時間、勉強することを決めて実行しました（計画と実行）。
>
> 　1カ月後、模試を受験しましたが、結果に大差はありませんでした（評価）。
> 「効果が表れないのは、仮説が間違っていたからではないか」と考えた私は、勉強法を見直しました。次に私の立てた仮説は、細かく時間を区切ることで効率を高める勉強法です。問題を解く2時間を、文法に20分、長文に25分…と細かく区切りました。また、実際に学習を進めていく中で、文法は15分、長文は30分というように、時間を再調整しながら、自分に最適な配分を探したのです（改善）。
>
> 　このように勉強することで、私は試験1カ月前の模試も余裕を持って乗り切ることができました。加えて得点もアップし、自信を持って試験に臨むことができたのです。その結果、見事に試験に合格することができました。

4-10 自分の短所への触れ方を マスターしよう

「親しい友人から見た場合のあなたの長所と短所」といったテーマも、よく出される課題の一つです。ここでは、新たな要素として、自分の「短所」を含んだ自己PRについて解説します。

自分の「短所」について自己分析する

自己PRで記入する短所とは、「長所や特徴に比較すれば、やや力不足なこと」ととらえましょう。決して、「悪い点」というとらえ方をしないことがポイントです。ここでは、4-4で行った「長所や特徴の整理」を利用することで自己分析を深めることができます。

例えば、「進んで取り組む力や周囲に働きかけ、巻き込む力については自信があるけど、現状を分析し課題を明らかにする力は弱いので、もっと勉強しないといけないな」という具合です。

この自己分析によって得られた「現状を分析し課題を明らかにする力が弱い」という特徴を言い換えれば、「現状を分析し課題を明らかにする力」が自分の「短所」と表現できます。

短所についての自己PR文を作るときのポイントは、短所を説明するパートの最後に、その短所の改善に向けた取り組みを加えることです。

概要

プログラム
内容

選び方・
応募方法

自己分析
自己PR

志望動機

面接対策

GW・GD

必須
マナー

参加後の
取り組み

 ## 短所を含んだ自己PRに、
小見出しをつけて作成した場合の例文

「長所」

　私の長所は二つあります。一つ目は、チームの良い雰囲気を維持しようと気を配れる点です。例えば、議論が白熱しても「相手をやりこめる」ことはしません。議論した後の飲み会でも、その場面を引きずることなく、相手とコミュニケーションできます。

　二つ目は、チームの問題に対する当事者意識の強さです。アルバイト先でもリーダーなどの役割を任命されたわけではないのですが、困っている仲間を放っておくことはしません。例えば、まごつく新人をフォローしたり、出勤できなくなったパートさんの代わりに私がシフトに入ったりなど周囲の問題を解消するように進んで働きました。友人やアルバイト仲間から、「頼りになる。出会えてよかった」と感謝されることがよくあります。

「短所」

　「現状を分析し、課題を明らかにする力」は、やや弱いと自覚しています。理系タイプの友人の物事に対する分析力や目的意識の高い言動に触れ、感心することが度々あるからです。どちらかといえば私は、論理よりも、ひらめきを重視するタイプであると自己分析しています。

　現在は、課題解決力を磨くために、ビジネス書籍を通して、その考え方やアプローチ法を学んでいます。

※この例文の場合、「現在は、課題解決力を磨くために、ビジネス書籍を通して、その考え方やアプローチ法を学んでいます」という記述が、短所の改善に向けた取り組みを紹介している部分となります。

4-11 課題に合わせたアレンジで、効率的に文章を活用しよう

　家族や友人など、他者に読んでもらい、高い評価を得られた自己PR文は、課題に合わせてアレンジして、上手に活用しましょう。以下に、4-8の「自分をワンフレーズで表し、理由や体験をアピールしてください」で作成した自己PR文を「10年後の自分はどうなっているか？」という課題に合わせた活用例を紹介します。

 ## 「10年後の自分はどうなっているか？」例文

【タブレット端末で目を輝かせながら問題を解く子供達】

　私は、勉強をしているときの彼らの目が忘れられません。彼らは、保護者の経済的な困窮を理由に、十分な学習の機会を与えられていなかったのです。

　私は、彼らの学習環境を少しでも改善しようと思い、NPO活動の協賛獲得に注力しました。複数の上場企業の代表取締役社長やCSR室長にアプローチした結果、数十台のタブレット端末や、無償でのインターネット接続権を協賛という形で得ることができました。

　この協賛を獲得する過程で出会った人たちから感じたのは、強い社会貢献の意欲です。また、自分の判断で実行に移す能力や、判断を下せる権限を持っている点に感銘を受けました。

　この体験から、彼らと同様に、社会的な貢献をしたい、という気持ちになりました。加えて、「これを2年間貸与しましょう」と即決し、組織を動かしていけるポジションに就きたいと考えるようになったのです。

　自分のような学生が目の前に現れたとき、自分が出会った代表者のように、その場で決済できる人間になりたい。それが、10年後の私の目標です。

概要

プログラム
内容

選び方・
応募方法

自己分析・
自己PR

志望動機

面接対策

GW・GD

必須
マナー

参加後の
取り組み

次は、この例文をさらに「わが社のインターンシップを志望する理由」という課題に合わせてアレンジしてみましょう。

 ## 「わが社のインターンシップを志望する理由」例文

> 「では、契約しましょう」と、自分の判断で、その場で決済できる能力と権限を持っていることが、10年後の私の目標です。
> この目標を実現するには、能力重視で、かつ若手を大胆に起用する社風の企業に入社する必要があると考えています。
> このような考えでインターンシップを探していたときに出会ったのが貴社です。私は、貴社が生産工程のリーダーに、3年目の社員を抜擢したことを知りました。
> 今回のインターンシップ体験を通して、貴社の社風を確認し、よりその理解を深めることが、応募の理由です。

ESを通して伝えることは、自分についてです。つまり、自分を紹介している自己PRは、どんな課題であっても、必ず共通して使える部分があるのです。これをぜひ覚えておいてください。

できれば、自己PRはパソコンなどの文章作成ソフトで作成することをお勧めします。

そして、一度書き上げたら、その完成度にかかわらず必ず保存しておくことです。気に入らない部分は、何度か書き直すことで、その質を高めていきましょう。出来の良い部分は、上手に使いまわし、効率よく、全体の質を上げていきましょう。

4-12 お手本となる文章を分解して自分のネタに置き換えよう

　次に、時間がなく短時間で自己PR文の作成を求められたときなどの緊急手段を紹介します。

　自己分析からの作成手順を踏み、じっくりと自己PR文を書く時間がない場合は、他の人が書いた自己PR文をお手本にするのが一つの手です。文章全体の流れはそのまま活用し、ポイント部分だけ自分のネタと差し替えて作成するアレンジの手法です。

　まず、お手本となる文章を選び、文章作成ソフトなどを使って入力します。次に句点（。）の位置で改行しながら、文章が区切りよくなるように整理し直しましょう。以下が、4-9の「PDCAを含んだ自己PR例文」に改行を加え、整理し直した文章です。

「PDCAを含んだ自己PRの例文」を改行して整えた「お手本」となる文章例

> 　脱力感は残っていたものの、不合格の翌日から勉強を再開しました。まず、3カ月で得点UPの期待ができる勉強法を考えました。
>
> 　時間内に全問解答できるスピードを身につけることが重要になるという仮説を立て、まとまった時間が取れなくても隙間時間を見つけて毎日「問題を解く2時間」と「解説を読む1時間」の計3時間、勉強することを決め実行しました。
>
> 　1カ月後、模試を受験しましたが、結果に大差はありませんでした。
>
> 　効果が表れていない以上、勉強法を見直す必要があります。
>
> 　そこで、問題を解く2時間を、文法に20分、長文に25分…と細かく

概要

プログラム
内容

選び方・
応募方法

自己分析・
自己PR

志望動機

面接対策

GW・GD

必須
マナー

参加後の
取り組み

区切る勉強法に変えました。

　また、実際に学習を進めていく中で、文法に 15 分、長文に 30 分と時間を再調整しながら自分に最適な配分を探し、見つけ出しました。

　このお手本となる文章をもとに、どの部分を自分のネタと差し替えればいいかを考えましょう。以下は、「実験の失敗経験」を題材にしてお手本の文章をアレンジした例です。

　それぞれの例文を比較してみましょう。文章のベースラインが同様であることが分かります。このアレンジ法であれば、文章の構成を考えなくてよいため、大幅に作成時間を短縮させることができます。

 ## お手本と自分の経験を差し替えて 作成した自己PR例文

　脱力感は残っていたものの、実験失敗が明白になった翌日から研究を再開し、失敗の原因特定と対策を考えました。

　装置自体の振動によって生まれる誤差を取り除くことが成功のカギになるという仮説を立て、土台部分に振動吸収マットを敷いたうえで再稼働させました。

　１カ月後、データを確認しましたが、前回のデータと大差はありませんでした。

　効果が表れていない以上、対策を見直す必要があります。

　そこで、データを解析するソフトウェアに振動の影響を取り除くプログラムを組み込むという対策に変えました。

　装置を稼働させては変数を調整する作業を繰り返しながら、最適と思われる値を見つけ出しました。

4-13 英文の自己PRも準備しておこう

　最後に、外資系企業などのインターンシップに参加を希望する学生へのアドバイスです。

　主に外資系企業の ES では、「学生時代の最大の失敗談と学んだことを英語 1000letters 以内でご記入ください」というように、英文で自己 PR をするように求められる場合があります。

　注意することは、「letters」とは単語数ではなく、文字数を示しているという点です。ちなみに、単語数の場合は「450words」というように「words」と表記されます。

　では、実際の例文を紹介しましょう。

　日本語で書いた自己 PR 文を英語に翻訳した文章です。日本語の文章とは違い、十分に思いを伝えきれなくて、もどかしさを感じるかもしれません。しかし、普段の生活で使い慣れた言葉ではないためそれは自然なことです。決して投げ出さずに作成しましょう。

　P.103 の例文は TOEIC930 点程度の学生が作成した英語の自己 PR 文です。原文となる日本語訳を添えていますので、見比べて参考にしてください。

概要

プログラ▲
内容

選び方・
応募方法

自己分析
自己PR

志望動機

面接対策

GW・GD

必須
マナー

参加後の
取り組み

 「学生時代の最大の失敗と、その経験から
学んだこと」という課題の自己PR例文

英文とその日本語訳

I had my biggest hardship during the project of business competition in seminar.

　最大の失敗を経験したのは、ビジネスコンテストのプロジェクトにゼミで挑戦したときです。

It was important that everyone work hard to win, but I felt a motivation gap between myself and team members.

　勝つためには皆が一所懸命になる必要がありましたが、私とメンバーの間にやる気の差を感じることがありました。

I tried to inspire them by showing my hard work since I was not good at expressing my feelings to others. It was, however, not effective enough to win the competition.

　私は自分の気持ちを誰かに伝えるのが、あまり得意ではなかったので、努力する姿を見せチームを鼓舞しようとしました。しかし、大会で勝てるほどの効果はありませんでした。

From this failure, I learned that I should improve the ability to tell my feelings and the importance of communication.

　この失敗から、言葉で伝えるスキルを高める必要性と、コミュニケーションの大切さに気付きました。

Now, I am a president of my seminar. I try to tell my own thoughts to members and listen to their opinion.

　現在は、ゼミの幹事長として、自分の意思を伝えることと、メンバーの意見に耳を傾けることを心がけています。

I strongly believe that this will make a goal that everyone shares and we all can achieve it.

　こうすることで、目標を全員で共有することができ、そして、私たち全員でそれを達成できると固く信じています。

面接の自己PRって、ESの自己PRと同じことを話していいの？

　面接に関する質問で多いのが、「面接で話す自己PRは、ESの自己PRと同じでもよいのか？」というものです。

　質問の答えは「同じでよい」ですが、この答えを誤解し、ESの自己PRを丸暗記して面接に臨もうとはしないでください。

　「同じでよい」とは、ESで「アルバイトで後輩指導に力を入れたこと」を紹介したならば、面接でも「アルバイトでの後輩指導ネタ」を選んでよいということです。ただし、ESに400文字程度で書いた内容ならば1分もあれば話せてしまいます。面接時には、「ESよりも膨らませて話す必要がある」と理解しておいてください。

　膨らませるとは、「ESの行間にあること」も含めて話すことです。

　例えば、4章の4-10で紹介した例文の長所に「議論が白熱しても「相手をやりこめる」ことはしません」と書かれています。この場合ならば、「やりこめない理由は、自分の考えが地球の中心ではないと自分を戒めているからです」という具合に、理由を付け加えることができます。

　「まごつく新人をフォロー」の部分ならば、「新人のときに教わった先輩への恩返しという気持ちで接しています。また、比較的スムーズに仕事に馴染めるタイプの新人には、自由にやってもらう範囲を広げて、失敗したらアドバイスし、そうでないタイプには、失敗で挫けないように一緒に作業する期間を長くとるなど、タイプによって接し方を変えています」と、付け加えることができます。

第5章

インターンシップ選考（2）「エントリーシート」で生きる「志望動機」の書き方

　自己PRと同様に、エントリーシートなどで必要となる志望動機の作成の仕方を、「インターンシップに応募する理由」「職種志望動機」「会社志望動機」の三つのテーマに分け解説します。選考を突破した学生の志望動機も掲載していますので、作成時の参考にもしてください。

――――――――――― 著：**岡茂信**

概要

プログラム
内容

選び方・
応募方法

自己分析・
自己PR

志望動機

面接対策

GW・GD

必須
マナー

参加後の
取り組み

5-1 「自己PR」以上に難しい 「志望動機」とは

　ES で記入する項目は、自己 PR と志望動機に大別できます。自己 PR は、自己分析を通して、自分の中に埋もれている答えを発掘して作成します。志望動機は、それに加えて、業種や職種、企業研究を通して見つけ出した情報をミックスして作る必要があります。そのため、難易度が少し高くなります。

　志望動機の欄で求められる要素には、主に以下の三つがあります。

・「どのような目的を持って応募しているか？」
　⇨ インターンシップへの応募動機
・「この業種（職種）の就業体験をしたい理由は？」
　⇨ 業種（職種）を志望する動機
・「なぜ、当社に関心を持っているか？」
　⇨ 企業を志望する動機

　この章では、これら一つひとつを順番に解説していきますので、着実に理解を深めていきましょう。

概要

プログラム
内容

選び方・
応募方法

自己分析・
自己PR

志望動機

面接対策

GW・GD

必須
マナー

参加後の
取り組み

三つの志望動機に共通しているポイントは 「輝く人生」への想い

　志望動機が三つの要素に分かれているので、混乱しないように注意しましょう。ポイントは、どの志望動機であっても、その根本的な部分にあるのは「輝く人生を作り上げたい」という想いです。

三つの志望動機とあなたの輝く人生の関連図

＼ 輝く私の人生 ／

仕事を通して
私も成長

社会に貢献する
会社も成長

成長する業種だから

　会社も社員も、「豊かになりたい、成長したい、家族に誇れる仕事をしたい」などの思いを持っており、この思いの土台となるのが業種です。就職後の自分の多くの時間を注ぐ価値があると思える業種を見つけ、その思いを志望動機に込めて伝えましょう。

5-2 「インターンシップに応募する理由」では目的を記入しよう

　ここでは、志望動機の三つの要素のうちの一つ目として、「インターンシップ応募動機」の作成方法を解説します。応募動機には、「参加する『目的』を記入する」のが鉄則です。

　そこで、以下に挙げた「学生たちのインターンシップ参加目的」の例の中から、あなたの目的に近いものを選び、〇をつけてください。一致するものがない場合は、「その他」の欄に、あなたなりの参加目的を書き込みましょう。

学生たちのインターンシップ参加目的

応募企業への理解を深めたい、応募会社の属する業種の知識を得たい
同年代の学生の中で自分の力を試したい
就業体験を通してスキルを磨いたり、問題解決手法などの知識を増やしたりしたい
営業など、志望職を実際に経験してみたい、志望職に必要な知識を得たい
大学での専攻が仕事でどう役立つかを知りたい
その他

概要

プログラム
内容

選び方・
応募方法

自己分析・
自己PR

志望動機

面接対策

GW・GD

必須
マナー

参加後の
取り組み

　例えば、「応募会社の属する業種の知識を得る」のが目的の場合は、「御社のインターンシップを通して業種理解を深めることが目的です」と作成すればよいのです。しかし、これではシンプルすぎて、「熱意を伝える」ことができないため、目的に伴う「参加を思い立ったきっかけ」や「業種の知識を深めたい理由」などを加え、文章量を充実させましょう。まずは、以下の例文を読み、応募動機のイメージを養ってください。

インターンシップに参加する「きっかけ」や「理由」の文章例

　自動車メーカーに興味をもったきっかけは、クリーンエネルギー社会の到来という記事を読んだことです。大きな影響を受けるに違いない自動車メーカーが、どのような展望をもたれているのかを知りたいと考えて、応募しました。

　接客のアルバイトをしております。興味を持っている営業職に、アルバイト経験が役立つのかを知りたいと考えています。役立たないのならば、今後、どのような能力やスキルを身につける必要があるのかを知りたくて応募しました。

　他大学で面識のない学生と一緒に、真剣にプレゼンテーションに取り組むという就業体験の内容に魅力を感じたのが、応募の理由です。自分がこれまでに学校での活動やアルバイトで身につけてきたことが、他の学生と比べて、どの程度のレベルかを知りたいと思っています。

　（例えば1年生ならば）働くことや企業について学ぶ機会をもちたいと思ったことが、応募のきっかけです。特に、仕事に必要な知識や能力について知りたいと思っています。そうした知識を今後のアルバイト選びや、学校生活で力を入れて取り組むべきことの見極めの材料として生かしたいです。

目的に追加する「きっかけ」や「理由」の ワークシート

　先輩たちの応募動機例を読み、イメージが湧いたことでしょう。それでは、以下のワークシートに、あなたなりの「きっかけや理由」をメモしましょう。

・応募企業や応募企業の属する業種に興味をもったきっかけ

・志望職種を経験したいと思った理由や興味をもったきっかけ

・同年代の学生の中で自分の力を試したいと考えた理由

・専攻が仕事でどう役立つかを知りたいと思った理由

・磨きたいスキルや増やしたい知識とは何か？　それらに関心をもったきっかけや理由

・他に関連するきっかけや理由

概 要

プログラム
内容

選び方・
応募方法

自己分析・
自己PR

志望動機

面接対策

GW・GD

必須
マナー

参加後の
取り組み

　最後に、某外資系企業に合格した「応募動機」の例を紹介します。この例文の特徴は、社会情勢や、仕事・企業に対する自分なりの研究結果をもとに、二つの参加目的をアピールしている点です。一見、このレベルのものを作成するのは難しそうに感じるかもしれませんが、P.110のワークシートに記入したメモレベルのものを組み合わせることで作成できます。

 ## 「インターンシップへの応募動機」の例文

　EUの先行きは、楽観できないと考えています。なぜなら、ギリシャの財政破たんに始まった歪みが、イギリスのEU脱退へ繋がり、現在も続いていると感じるからです。世界は変動の時代に突入したとも言えます。この考えが正しければ、平穏で変化のない時代よりも、より多くの商機が発生することを意味しているのではないかと感じています。例えば、経済環境の変動幅が広がれば、「どう対応すべきか」といったアドバイスや情報を欲する人、利用したい人が増えます。そして、貴社のような投資銀行の商機はさらに拡大すると考えています。

　私のこの考えが正しいのか、どのような視点が足りないのか…。それを学ぶ機会として、貴社の社員と接することができる、インターンシップを利用したいと思っています。インターンシップを志望する第一の理由がそこにあります。

　また、貴社は、個人に与えられる裁量が大きいと聞いているので、自己成長のスピードアップを図れる職場なのではないかと魅力を感じております。職場訪問の機会を通して、貴社の社風を肌で感じたいというのが、第二の理由です。

5-3 職種の志望動機では、自身の「活躍」をアピールすることが目標

　志望動機の二つ目の要素として、「職種の志望動機」の作成方法を解説します。

「リサーチ職」「セールス職」など、職種別に就業体験のプログラムを用意している企業があります。このような場合は「志望職種の選択理由」を明確にすることが求められます。

　職種の志望動機には、以下の二つについて記入することがポイントです。

・志望職種に興味を持ったポイント（＝志望職種の特徴を書く）
・自分が活躍できると考える根拠

　特に大切なのは、「自分は活躍できます！　適性があります！」とアピールする点です。

「自分に適性があるか？」それを確認するためにインターンシップに参加する学生はとても多いです。実際にそうした目的で利用する制度として企業側も理解はしています。しかし、限られた参加人数に対して、大勢の応募者が殺到すれば、選考時の競争率は高くなります。インターンシップ参加者を選考する側にしても、「より自信にあふれた学生にチャンスを与えたい」と考えるのは自然なことです。

概要

プログラム
内容

選び方・
応募方法

自己分析・
自己PR

志望動機

面接対策

GW・GD

必須
マナー

参加後の
取り組み

また、自ら「適性がある！」とアピールすれば、「自分に適性があるか？」と迷っている学生よりも、自己分析の一つ、適職分析が一歩も二歩も進んでいることを伝えられます。

以下に学生が書いた「職種の志望動機」の例文を紹介します。

 **「職種を志望する動機」の例文
（セールス職を志望する学生の場合）**

> 「自分の実力が試されるセールス職に挑戦し、成長したい」——この思いを持って志望しております。
> 　貴行の主力商品は顧客の投資判断を手助けすることです。製造した商品を売るメーカーや不動産といった他業種とは違い、分析によって生まれる市場予測などの「アイデア」こそが、顧客の投資判断を手助けする「商品」だと考えます。この考えが正しければ、商品製造（アイデア）から営業までを一人で担う金融セールスの成果は、より個人の能力を反映したものになるはずです。私はその点に、最も魅力を感じております。
> 　私はこれまで、学生生活の多くの時間を文献の読み込みに費やしてきました。曖昧な理解のまま読み飛ばすことなく、一言一句の意味を調べながら行っています。一つの資料を読み切るまでに2時間以上を費やしたこともあります。
> 　この結果、情報を正しく理解し、その情報をもとに戦略を練る能力を磨くことができました。この能力を生かし、市場の未来を分析する仕事で活躍できると考えております。

4-5「400文字以内の自己PRの例文」の一部の文章を活用していることにも注目し、「使い回し例」としても参考にしてください。

5-4 「当社を選ぶ理由」（企業の 志望動機）には、関心を 持った理由を記入しよう

　志望動機の中には、「当社のインターンシップを選ぶ理由」といった形で、自社に対する志望理由を問うものも多くあります。それは、「なぜ同業他社ではなく、当社を選ぶのか？」という点を知りたい企業が多いことの表れでもあります。

　会社志望動機の文章は、説明会や会社の Web サイトで開示されている情報をもとに作成するのが基本です。以下の項目を参考にしながら情報を収集、整理していきましょう。

・同業他社との比較の中での、その企業の位置づけ
・強み（商品やサービスの特徴）や成長性を感じた点
・主な顧客の特徴（法人か個人か、両方かなど）
・主な事業部門の事業内容（規模の大きな会社は組織図で確認しよう）
・事業理念や社会全体へ貢献している場面
・説明会や座談会で質問して得た情報
・（上場企業の場合）有価証券報告書の「研究開発」で印象に残ったこと
・（上場企業の場合）有価証券報告書の「対処すべき課題」で印象に残ったこと

概 要

プログラム
内容

選び方・
応募方法

自己分析・
自己PR

志望動機

面接対策

GW・GD

必須
マナー

参加後の
取り組み

　このような情報収集の結果、例文のように企業を志望する動機
をまとめることができます。

「企業を志望する動機」の例文

　　貴社のインターンシップを志望するのは、以前の金融危機に際し、貴社
がA社の北米事業を傘下に収めたことを説明会で知ったからです。
　　成熟した市場では、リスク顕在時こそ最大の投資チャンスですが、実際
にリスクを負えるのは財務基盤に厚みがあり、中期の事業環境を展望する
力をもった企業のみと考えます。貴社がA社の北米事業を傘下に収める
ことができたのは、貴社に高い経営力があったからだと感じております。
それは、貴社の強みです。
　　加えて、有価証券報告書を通して「ノンコア部門の売却」を機敏に進め
ていることを知り、経営の健全性にも魅力を感じました。何がコアに成長
するかは、時代の流れや経済環境によって変わるため、100％は読み切れ
ません。将来を分析し、予測を立てて流れを読みつつも、違うと判断した
ときには潔く切り離すのが、健全な経営に必要な施策だと思います。

「会社全体像の把握に便利な組織図とは」

　会社の規模が大きくなると、事業部門の数も増え、その全体像
を把握することが困難です。説明会などで会社組織図を入手すれ
ば「事業部門がどれくらいあるのか」「事業部門は、どんなプロジェ
クトに分かれているのか」といったことを把握するのに便利です。

●組織図のイメージ

代表取締役

経営推進室

研究開発部	営業部	市場調査部
・Web開発課	・IT関連営業課	・マーケティング課
・先端技術開発課	・ICT関連営業課	・企画課
・テクニカルサポート課		・宣伝戦略課

5-5 日々のニュースを
チェックして
志望動機を充実させよう

　日々、ニュースを通して、社会や志望業種の「今」をキャッチするようにアンテナを張るのも志望動機作成には必要なことです。

　会社案内や有価証券報告書を読み込むだけでも、志望動機の作成に必要なネタは十分に得られます。しかし、これらは企業側が用意したものであり、他の応募者も知っている、使っている情報です。そこに、会社側が提供するものとは違う情報を盛り込むことで、とても充実した志望動機を作ることができます。

　そのためには、こまめな情報収集が鍵です。これからは、気になったニュースをメモし、ニュースネタを集めておきましょう。スマホを活用すれば、ニュース素材をメモとして残すのも簡単です。

ニュースでチェックする必須項目

・志望業種の今に関連すること（業種を代表する企業の業績や国の予算配分など）
・社会情勢の今に関連すること（国内外の経済に影響を及ぼすこと）
・専攻と関連する、各社の新製品やサービスの展開、それらを発表した記事
・「AI」「IoT」など、最先端の技術革新に関連する用語

概　要

プログラム
内容

選び方・
応募方法

自己分析・
自己PR

志望動機

面接対策

GW・GD

必須
マナー

参加後の
取り組み

 ニュースネタを盛り込んだ
「企業を志望する動機」の例文

> 「安定」と「変化」の二つの言葉を比較したとき、私は後者に魅力を感じます。世界の変化を掌握するのは難しいことですが、常にアンテナを張り、小さな兆しをつかみ、ビジネスチャンスにつなげようとする貴社の仕事に魅力を感じます。
> 掌握が困難であればこそ、その変化を商機につなげようと多くの人が全能を傾けているチームに自分も仲間入りして、とても刺激的な仕事人生を得たいと考えています。
> 最近の変化の中では、AIで運用する投信の開発、仮想通貨を使い海外送金サービスを始める銀行、AIへ研究投資を促す国の施策などに注目しています。

企業活動の「今」を知るには、情報Webサイトを活用しよう

インターネット上には、上場企業の社名や証券コードを入力することで、事業の特色や社員の平均年齢などを知ることができる便利なWebサイトがあります。また、世界の政治、経済、マーケットの動向を知るのにも活用できます。

さらに、上場企業のニュースを専門的に発信するサイトをチェックしておけば、決算発表時期には、各企業の決算に対する市場の反応などを通して、企業に対する評価や業種全体の時代の流れを感じることができます。「上場企業　企業データ」といったキーワードでWeb検索し、役に立つ情報提供ページを探してみましょう。

5-6 一石二鳥！志望動機の作成を通して逆質問も準備しよう

　志望動機を完成させるためには、業種、職種、企業などの研究が欠かせません。そこで、この研究に注ぐ時間と労力を有効活用して、面接や座談会などで使える逆質問を準備しましょう。

・業種や職種研究の過程で興味をもち、もっと深く知りたいと思ったこと
・専門用語など、難しくて、今一つ理解し切れていないと感じたこと
・他社のニュースを読み、応募企業はどのような取り組みをしているのか？　と興味をもったこと
・評価制度や配属方法、海外に駐在するチャンスなど、他社と比較してみたいと考えていること

　上記のように、知りたいことを、右ページの「逆質問候補をストックしよう」の記入欄にメモとして残しましょう。インターンシップ選考の面接や座談会のときに、社員に対して尋ねる逆質問として使えます。
　学生側が逆質問を通して積極的に働きかけるのは、インターンシップの選考やプログラムにおいて、今や常識となっています。

逆質問候補をストックしよう

概要

プログラム
内容

選び方・
応募方法

自己分析
自己PR

志望動機

面接対策

GW・GD

必須
マナー

参加後の
取り組み

✎（メモ例）

　御社の社是は「長期目標を持ってお客様や社会に貢献する」であり、この点に
共感しております。一方で、現在のような短期間で多くの変動が起こる時代では、
短期目標と長期目標をどのように整合させていくのでしょうか？

✎（メモ例）

　グローバル企業として世界に支店を展開されておられますが、それぞれの国ご
との法律や規制があると思います。これらに対応するには大きなコストがかかり、
成績評価も難しいと想像するのですが、実際はどのような対策をとられているか
を教えてください。

COLUMN

インターンシップを通して キャリアビジョンを 描けるようになろう

　5章の5-1では、ESの「志望動機」の欄で求められる要素として、「インターンシップ応募動機」「業種・職種を志望する動機」「企業を志望する動機」の三つを紹介しました。インターンシップ参加時の準備としては、これら三つでよいのですが、インターンシップ参加後の「就職の準備」のためには、インターンシップ応募動機の代わりに「キャリアビジョンを描く」という新たな要素を加え、志望動機を充実させましょう。

　「キャリアビジョンを描く」とは、「10年、20年後に、自分は何を実現したいか？」を思い描くことです。インターンシップを通して、「複数の社員から仕事の話を聞くこと」「業種や職種について学ぶこと」「会社の事業展望を知ること」を実践するのは、キャリアビジョンを描くヒントとなります。

　自分自身がワクワクするキャリアビジョンを描けるように、インターンシップを一つのきっかけにしてください。

●インターンシップ後の
　志望動機を構成する三つの要素

※【就職準備で必要となる志望動機】
10年後は、こんなことを実現したい。
だから、この業種の中で実績のあるA社に入社し、
自分を生かせるB職に就き活躍したい！

概要

プログラム
内容

選び方・
応募方法

自己分析・
自己PR

志望動機

面接対策

GW・GD

必須
マナー

参加後の
取り組み

第6章

インターンシップ選考（3）
「面接」の極意
八つのポイント

　インターンシップの選考で面接を行う企業は年々増えています。ここでは、ESとともに重要な選考過程となる面接対策について徹底解説します。インターンシップの面接で聞かれることや、面接でのアピール内容についてなど、ポイントをしっかりと押さえておきましょう。

―――――――――― 著：才木弓加

6-1 インターンシップの目的を確認する

　インターンシップの選考を前にした学生より、こんな質問をよく受けます。

　「第一志望企業のインターンへ応募するのは、万全の準備が整ってからでないと無理？」

　「インターンシップの選考に落ちてしまったら、就活では選考に進めなくなるのでは？」

　インターンシップの目的は「就業体験」です。就活や就職を意識せず、「就業体験を通じて企業を見極める」ことや、「自分が長く働ける企業なのか」を判断することが、インターンシップの一番のテーマになります。

　たとえインターンシップの面接に落ちてしまっても、就活の選考に直接影響を与えることはないはずです。ためらうことなく、就業体験という貴重な機会を生かしましょう。

　ただし、何のために参加するのか、最低限の目的意識は持ちましょう。企業がコストと時間をかけて学生を呼んでくれる意味を考えるのは、社会人となるうえでのエチケットです。

インターンシップの面接と、採用選考時の面接は別モノ！

　インターンシップや、就活の選考について不安を抱く学生が多いと思うので、初めに少し補足したいと思います。

　文部科学省は、インターンシップを「企業等において、自らの専攻や将来のキャリアに関連した就業体験を行うこと」と定義しています。つまり、インターンシップは採用活動ではないのです。一部の外資系金融などで採用直結型のインターンシップを実施する企業もありますが、そういった場合は、採用にかかわるインターンシップであると明記しています。

　企業は学生に、インターンシップを通じて、自分たちの属する業界を理解してもらったり、広い意味で、学生のキャリアに生かしてもらったりしようと考えているのです。

　つまり、採用活動である就活の面接では「その学生と一緒に働くイメージが見えるか」「自社に貢献してくれるかどうか」が評価されるのに対して、インターンシップの面接では「どういう目的意識を持って、インターンシップに参加したいと考えているか」が問われるのです。

　インターンシップの面接では、就活の面接とは少し毛色の違った質問がされることも、意識しておくといいでしょう。

6-3

面接の自己PRでは、無理せず、等身大の自分を伝えよう

　自己PRのポイントは、等身大の自分を伝えることです。自己PRと聞くと、なぜか特別なことを言わなくてはならないと思い込む学生が多く存在します。等身大とは「オリジナルな自分をそのまま伝える」ことであって、「スペシャルな自分を作り上げる」ことではありません。決して無理をしないよう注意してください。

　そして、面接に臨む際に何よりも重要なのは、自己分析を「どれだけ深められているか」です。等身大の自分を他人に分かりやすく伝えるためには、欠かせない点として肝に銘じておきましょう。

　選考に残りたい一心で無理をして、自分を取り繕う学生が非常に多いのですが、そうして作り上げたものは表面的で、どこか違和感のある状態がほとんどです。無理を通すために、学生の中には嘘をつくことで面接をしのごうとする人もいます。しかし、質疑応答の中で嘘を重ねていけば、話のつじつまが合わなくなるものです。すると、自己PRの説得力はどんどんと薄れていき、しまいには、嘘をついていることが面接担当者にバレてしまうこともあるでしょう。

　とても基本的なことですが、多くの学生がこの落とし穴に陥ります。自己PRは、しっかりと自己分析を深め、実直にそれと向き合うことが大切です。そして、その姿勢がストレートに伝わる学生のほうが圧倒的に有利です。

面接の自己PRの元ネタはどうする？

6-4

　面接での自己 PR のネタに迷う必要はありません。例えば「学生時代に頑張ってきたことはなんですか？」と問われたら、その対象はアルバイト、部活、サークル活動など、どんなものでも OK です。重要なのは取り組んだことが、どれだけ立派であるかではなく、そこに自分がどうかかわり、何を得たのかをウソ偽りなく伝えることです。見栄のために注意を払う必要はありません。

　それでも、「何をアピールしたらいいか分からない」「自分のいいところが見つけられない」という人は、周りの人に尋ねてみることをお勧めします。大学の友人でもいいのですが、自分以外で自分のことを一番知っているのは、おそらく家族です。家族であれば、良いこと悪いことを率直に話せるため、そこで出た話は、自己分析を進めるうえでも、大いに役立つものになるはずです。

「改めて聞くのが恥ずかしい」「親は自分のことをそんなに知らないと思う」という学生もいるでしょう。しかし、親や兄弟は気付かないところで、実はあなたを見ています。あなたが覚えていない小さなころの出来事が、自己分析を深めるヒントになることも少なくありません。私が接した中でも、「親へ聞いて救われた」と話す学生が、ものすごく多いのは事実です。

インターンシップでよく聞かれる質問は「目的意識」と「あなた自身について」

インターンシップの面接では、大きく分けて2種類のことについて問われます。一つは、インターンシップへ参加する学生の「目的意識」を問う質問です。

「なぜインターンシップに参加したいのか？」
「どんなことを学びたいのか？」「何を身につけたいのか？」

もう一つは、「あなた自身について」を問う質問です。

「あなたが頑張ってきたことは？」
「学生時代に力を入れてきたことは？」「自分の強み、弱みは？」

「目的意識」と「あなた自身について」の二つをきちんと面接担当者へ伝えることが、インターンシップの面接でのポイントです。

人気企業のインターンシップには、多くの学生が応募します。そのため、参加者を決めるための選考は当然、厳しくなり、自分がインターンシップに参加できる確率は低くなるのです。

一方で、この二つのポイントをしっかりと整理して伝えられる学生には面接担当者も特に注目します。面接担当者は、さまざまな言い回しで学生に問いかけます。その質問における面接担当者の「意図」を理解して答えられるように準備しておきましょう。

インターンシップ選考で
よくある面接形式と注意点

6-6

インターンシップの選考で実施される面接には、集団面接と個人面接があります。

集団面接の基本は「一問一答形式」です。学生が３〜５名同席して、面接担当者の質問に一問一答形式で順番に答えていきます。ここで、もし、話す内容が他の学生と被ってしまったとしても、迷わずに自分の準備してきたネタで自己PRをしてください。

面接担当者が、その学生の話に悪い反応を示している場合は、なおさら似た話には躊躇しがちですが、反応が悪いのは、話のネタを上手に自己PRに繋げられていないからです。面接担当者にとってはネタの種類や珍しさは関係ありません。また話の内容を無理やり変えるのは、自分を偽ることになるので良くありません。

面接担当者が必要としている情報は、「あなたがどんな人間か」という情報です。過去に経験したエピソードを羅列するだけではなく、その経験の中で、感じた思いや、学んだ物事を伝えてください。ネタにした経験が悪いのではなく、あなたが何を得たかという情報が不足しているため、面接担当者は悪い反応を示すのです。

個人面接は「会話のキャッチボール」がテーマです。学生１名と、面接担当者１〜３名が向き合って質疑応答を繰り返します。個人面接は、他の学生を意識する必要がありませんので、落ち着いて準備してきたことを伝えるようにしましょう。ここでも、大切なのは自分の人間性をより具体的に伝えようとする意識です。

6-7 「集団の中で力を発揮できるか」が、グループワークでの評価ポイント

　面接担当者は、学生がいかにして、集団で同じ目的に向かえるかを見ています。実際の仕事現場では、個人の能力や役割を集団に生かすことが求められます。自分だけが目立つようにアピールしても、集団への効果や貢献がないと判断されれば、かえって評価を下げることになるので注意しましょう。

　では、グループワークにおいて具体的にどういう役割を果たせばよいのかと言うと…、やはり、ここでも自己分析が鍵を握ります。つまり、集団の中で自分はどう行動するタイプなのか、これまでの経験を振り返って、自己分析してみるのです。

　体育会系の学生なら、厳しい上下関係と規律ある生活で鍛えられたメンタリティーが、慣れない環境でも物怖じせずに人間関係を築くのに生かせるでしょう。文化系の学生なら、さまざまな研究、合唱コンクールや文化祭などのために積み重ねてきた地道な努力や勤勉さに、答えが潜んでいるものです。過去の経験の中で、自分はどのような行動をしていたかを思い出しましょう。

　グループ内に自分と同じタイプの学生が複数名いたとしても、無理に自分の役割を変える必要はありません。その役割を複数の学生で分担し、さらに、他の役割をサポートすればいいのです。

　グループワークでの役割には、できるだけ積極的に参加してください。決して傍観者になってはいけません。振る舞い方が分からなければ、周囲へ「教えてほしい」と素直に伝えることも大切です。

仕事内容だけでインターンシップ先の企業を選ばないこと！

　ここまで、面接における要点を解説してきましたが、最後に私が考えるインターンシップに対する心得も伝えておきたいと思います。それは、「仕事内容だけに惹かれて、インターンシップ先の企業を選んではいけない」ということです。

「自分はこの企業の社員となって活躍できるか？」
「労働環境は、自分にとって満足できるものか？」

　そうしたことを学生には強く意識してほしいと思っています。
　例えば、自分の趣味などに通じる業種、職種や、第一希望ですでに企業イメージをつかんでいるところは、あえてインターンシップ先に選ばないというのも、一つのアイデアです。実際に社会人となって長く勤めていくうえでは、業種、職種が希望通りであるかということよりも、労働環境のほうが重要な意味を持つ場合が往々にしてあります。
　そうした夢と現実の差を理解するためにも、インターンシップの制度は積極的に利用し、「この企業で自分は終身雇用をまっとうすることができるか」という真剣さを持って取り組んでください。
　企業がインターンシップを行う理由も、就業体験などを通じて、学生の将来のキャリアに役立ててもらうためです。つまり、目的意識の低い学生が参加しても何も学べず、双方にとってメリットがな

いため、インターンシップを行う意味はありません。

　インターンシップ実施には、企業も相当の労力とコストをかけていますので、それが無駄にならないように「この学生はきちんと目的意識を持って学んでくれるのか？」「ちゃんとプログラムから得るものがあるのか？」ということを気にするのです。

　人気企業のインターンシップは、選考の倍率が高く、思うように参加できない人も多いかもしれません。だからといって、それが本番の就活ですべてマイナスに働くというわけではありません。その経験をどう生かすかが重要なのです。

　自己分析を深めず、あまり準備をせずにインターンシップの面接に臨み、思うように自己PRのできない自分に気が付く人もいるでしょう。そういったことに気付けるのも、考え方によってはチャンスかも知れません。実際、希望したインターンシップには落ちてしまったものの、それをきっかけに自己分析を深め、実際の就活で内定を貰った例もあります。

　ですが、やはり早い段階から、しっかりと準備をして、ぜひ希望するプログラムには参加してもらいたいと思います。

　事前に、自己分析を通してしっかりと自分に向き合えば、自分が自分をきちんと理解していないことに情けなくなり、伝えたいことを正確に伝える難しさを実感できるのです。

　働くことへの目的意識が低く、よく分からないままでは、インターンシップの志望動機に説得力も生まれず、面接担当者にはまったく想いが伝わらないでしょう。

　間違っても軽い気持ちでインターンシップに応募しないでください。インターンシップの経験を自分の未来につなげる気持ちで、できる限りの準備をして臨んでください。

第 7 章

インターンシップを充実させるために必要な知識と対策

　インターンシップのプログラムとして、グループワーク（GW）やグループディスカッション（GD）、企画のプレゼンテーションが多くの企業で行われています。そういった場面で役立つ知識や心構え、進行上の注意点をはじめ、一社会人として、仕事に携わるためにも必要な「論理的思考」などの考え方を紹介します。

　学生気分を捨て、企業の一員として就業体験に参加することで、実りある経験が得られます。

―――――――――― 著：**岡茂信**

概要

プログラム内容

選び方・応募方法

自己分析・自己PR

志望動機

面接対策

GW・GD

必須マナー

参加後の取り組み

7-1 グループワークと グループディスカッション への理解を深める

　ここでは、実際にインターンシップに参加する際に必要となる知識や対策について説明していきます。インターンシップのプログラムとして行われる内容は企業や業種・職種によってまちまちですが、多くの企業がそのプログラムに取り入れているグループワーク（GW）とグループディスカッション（GD）の内容について解説します。

■ GW とは

　与えられた課題に複数のメンバーで取り組むものを GW といいます。例えば、初めに職場体験や講義を行い、それを基に、「当社にふさわしい新しいビジネスを企画・提案せよ」といった課題が与えられます。一般に、GW の最後には、その結果を報告するプレゼンテーションが実施されます。主に社員に対する発表ですが、中には、その企業の顧客に対して報告、発表する場合もあります。

■ GD とは

　GW と同様に、プレゼンテーションの準備として行われる GD は、テーマを基にした少人数による討論です。多くは GW の一部として、課題への取り組み過程に行われるとイメージしてよいでしょう。
　特に、短期間のプログラムでは、短い時間で取り組める内容や話題がテーマに選ばれます。例えば「自動運転車が事故を起こし

概要

プログラム
内容

選び方・
応募方法

自己分析・
自己PR

志望動機

面接対策

GW・GD

必須
マナー

参加後の
取り組み

た場合の責任は誰が負うべきか？」といった内容です。日常的な話題や時事がテーマとして取り上げられるので、日ごろから新聞やテレビ、インターネットなどで扱われるニュースに関心を持っておきましょう。

■プレゼンテーションとは

GW・GDの後に、テーマに対する討論の結果や、課題への取り組みの成果を発表したり、説明したりすることです。聴衆や評価者を説得、もしくは納得させられる内容にまとめて行います。詳しくは7-7で解説します。

中には、GWやGD及びプレゼンテーションがディベートへ発展することもあります。

■ディベートとは

一つのテーマに対し、参加者が相反する主張を持つグループに分けられ、討論することをディベートといいます。例えば「10年後のEUは現在よりも拡大しているか、消滅しているか」といった題材を基に行われます。自分本来の主義、信条とは別に討論では、あくまでも自分たちのグループの主張を相手グループに訴え、相手グループの反論を退ける論法に徹します。

プレゼンテーションの後にディベートが行われる場合の進行の一例

Aチーム プレゼンテーション 10分 ➡ Bチーム プレゼンテーション 10分 ➡ Aチーム対Bチームで ディベート 15分 ➡ 社員による講評

7-2 論理的な思考を心がけて GWやGDに参加しよう

GW や GD で重要なのは「論理的思考力」です。論理的思考力とは、提案を練る、説得力を持たせるための主張を組み立てる、ワークの計画を考えるなど、さまざまな局面で必要になってくるスキルのことを指しています。ここでは、その論理的思考力について、理解を深めていきましょう。今後、社会人になるうえでとても大切なキーワードでもあるので、ぜひ覚えておいてください。

論理的とは

発言や発表内容（文章も含む）が、「論理的」であるためには、二つのポイントが重要になります。

1. 内容に説得力がある、根拠がある
2. きちんと筋道が通っている

例えば、「日本人の一番好きな食べものは何？」という質問があったとします。この質問に論理的に答えるとすると、次のような回答例が挙げられます。

「100 人にアンケート調査をしました。ここで注意したのが回答方式です。アンケートの回答方法が選択式の場合は、調査する側が設定した選択肢によって、調査結果が大きく左右される恐れがあります。そこで回答は、回答者の好みを自由に書き込める記述式

概要

プログラム内容

選び方・応募方法

自己分析・自己PR

志望動機

面接対策

GW・GD

必須マナー

参加後の取り組み

としました。アンケートの結果、最も回答の多かった食べ物は、寿司でした」

　↓

「よって私は、日本人の一番好きな食べものは、寿司であるという結論に達しました」

　食べ物の好みなど、個人の主観による違いがある中で、「一番」となるものが何かを論じても相手を説得するのは難しいものです。しかし、アンケート結果という、客観的な意見の集まりは、一定の説得力を持ちます。多数の第三者による意見を基にした主張なので、筋道が通った根拠ある発言といえます。

　普段の学生生活でも、事実や科学的根拠を用いて理由を説明できるよう意識してみてください。ニュースに触れたとき「その根拠は何か？」と意識することから、始めてみるとよいでしょう。あなたにとって、今後の生活を支えるスキルとなっていくはずです。

💡 キーワードの定義に役立つ「三段論法」

　三段論法とは、「AはBである、BはCである、よってAはCである」で成り立つ論理的な推論方法です。例えば、「水（A）は摂取しても、害はない（B）。摂取しても害のない（B）ものは食品（C）と分類して差し支えない。よって、水（A）を食品（C）に含めても差し支えない」となります。課題に含まれるキーワードを定義する際に役立つ論法です。

7-3 GW、GDを成功に導く 六つのポイント

GW、GD を成功に導くポイントを紹介します。

ポイント 1 グループ内の「闘論」に注意！

GD では、自分のグループ内での討論が白熱してしまう「闘論」に注意してください。競う相手は、他のグループであることを意識しましょう。「チーム内で自分が優位に立ちたい」といった自分本位の考えではチームがまとまりません。たとえ意見が違っていても、仲間であるはずの自分のグループ内で、メンバーを打ち負かしたり、やり込めたりしないように、気を付けることが大事です。

ポイント 2 時間配分の計画を立て、残り時間を常に意識する

GW や GD は、プレゼンテーションを充実させることが目的です。例えば、以下のような指示があった場合を例に考えてみましょう。

「テーマは、『日本人が一番好きな食べものは何か？』です。このテーマでディスカッションをしてください。ディスカッションのゴールは、グループ内の全員が合意することです。制限時間は今から1時間。ディスカッションで導き出した結論は、各グループに 10 分間のプレゼンテーションで発表してもらいます」

この指示に対し、まず思いをめぐらせてほしいのは、「制限時間

概要

プログラム
内容

選び方・
応募方法

自己分析・
自己PR

志望動機

面接対策

GW・GD

必須
マナー

参加後の
取り組み

内に、グループ内で意見を合意させること以外にも必要な作業がある」ことです。少なくとも、次のような作業が考えられます。

・プレゼンテーションで配布する資料作り
・発表者の決定
・想定される質問への回答と方針
・簡単な発表シミュレーション

つまり、最終的な目標は何かを見極め、そのために与えられた1時間の時間配分を考える必要があるのです。グループ内でみっちりと1時間話し合って合意を目指すような勘違いに注意してください。

以下に、6人で1時間の制限時間を与えられた場合の進行スケジュールを紹介します。状況に応じて調整するなど参考にしてください。このとき、必ず予備時間を設定するのもポイントです。

1時間の場合のGD進行スケジュールモデル

スタート〜3分	簡単な自己紹介と、プレゼンテーションまでに必要な作業の確認
3〜5分	進行係、タイムキーパー、メモ係2名決定（自薦、推薦可）
5〜10分	個々に考えをまとめる時間
10〜20分	ディスカッション開始（進行係が指名しながら順に発言、1名1分程度）
20〜30分	全員の意見が出そろったら、挙手制で発言（メモ係交代）
30〜35分	チームとしての結論を決める、全員が合意したことの確認
35〜40分	合意できなかった場合に使う予備時間
40〜50分	プレゼンテーションで発表する人を決める（自薦、推薦可）効果的な板書のデザインや、想定される質問対策、プレゼンに関連することを議論しつつ、発表資料も作成
50〜55分	簡単な発表シミュレーションもしくは段取り確認
55〜60分	予備時間（予定通り進行した場合は、資料作りの時間とする）

ポイント 3 客観的な情報や視点をもとに発言する

「日本人が一番好きな食べものは何か？」という課題の場合、自分の好きな食べ物を反射的に思い浮かべると、考え方の視野が狭くなるものです。重要なことは、客観的な情報や視点での発言を心がけることです。これを常に意識してください。

ポイント 4 課題に含まれるキーワードに対する認識をすり合わせる

「食べものとは何か？」「固形に限るか？」「液体も入れるか？」「何をもって、一番好きとするか」などのキーワードを定義することも大切です。

　例えば、一番好きを「年間の摂取量が一番多い」と定義します。すると考えられる回答は「お米や小麦粉」。一番好きを「お店でお金を払って摂取する回数が一番多い」と定義すれば、回答は「コーヒー」となるかもしれません。

　他にも、「大切」「優秀」といった、課題に含まれる曖昧なキーワードを「○○をもって大切とする」など、チーム全体で定義づけをするのが重要です。チーム内で意識をすり合わせてから話し合いましょう。

ポイント 5 礼儀正しく接する

　グループ内のメンバーは、多くの場合において初対面です。メンバーは、みな同世代で、同じような目的で集まった仲間でもあるので、積極的に心を開き、和んだ雰囲気を作ろうとするのはよいですが、最低限の礼儀を忘れてはいけません。礼儀正しく、笑顔にあふれたグループは、周囲に与える雰囲気もよく、好評価が伴うものです。

概要

プログラム
内容

選び方・
応募方法

自己分析・
自己PR

志望動機

面接対策

GW・GD

必須
マナー

参加後の
取り組み

ポイント 6 フィードバックの観点を意識して進める

　以下は、GW・GD終了後に社員から受けるフィードバックの代表的な観点を項目ごとにまとめたものです。こうした観点を事前に把握しておくことも必要です。

「チーム全体への評価項目」

・開始時、スムーズにメンバー間のコミュニケーションが成立したか？
・全員が役割を分担して進めていたか？
・少数、もしくは特定の人に役割が偏っていなかったか？
・最後まで妥協せずに、高い成果を求める姿勢はあったか？

「個人への評価項目」

・建設的な発言や前向きな姿勢で取り組んでいたか？
・他者を理解しようとする傾聴の姿勢はあったか？
・発言は相手に分かりやすい内容であったか？
・グループ内のメンバーと、よい関係を築こうと努力したか？
・楽しむ姿勢はあったか？
・強引に進めるような身勝手さはなかったか？
・進行が停滞したときに、傍観していなかったか？
・余裕がある時は、誰かをサポートしたか？

「プレゼンテーションへの評価項目」

・簡潔で要点のつかみやすい資料を作れていたか？
・論旨に論理性や説得力は伴っていたか？
・論旨に柔軟な発想はあったか？
・発表者の表現力はどのくらいだったか？
・聴衆に向かって、自信を持った発表をできていたか？

7-4 進行係は「メンバー全員を輝かせること」を考えよう

　GW や GD の時間を効率的に使うためには、グループ内での役割分担が鍵になります。その一つが、進行役です。進行役が、例えば「では、A さんから順番に右回りでお考えを発表していただけますか?」などとリードすることで、チーム活動を遅滞なく進めることが可能になります。ときには、「少し議論の方向がそれているかもしれませんね。ここまでの意見を振り返ってみましょうか?」というように軌道修正にも一役を担います。

　進行役となる人が心がけたいのは、メンバー全員を輝かせることです。引き立て役に徹することができ、「自分一人の知力よりも、全員の知力を結集したほうが、良い結果が生まれる」と考えられる人が適役です。

　進行役に任命されたときは、「みなさんのお力を借りて進めます。よろしくお願いいたします」と挨拶し、他のメンバーを頼りにして取り組む謙虚な姿勢を示すことで、メンバーとの和やかな関係が築けて、円滑な進行に役立ちます。

　右に、進行係が特に気を付けたいポイントを紹介します。参考にしてください。

進行係が心がけるポイント

- 発言しやすい雰囲気を作る。
- 誰よりも真剣に仲間の意見を聞く。
- 発言機会とその時間配分は、可能な限り全員に同じだけ割り振る。
- 一人が長い時間発言することがないように事前に「発言の時間は1分程度」といったルールを決めて全員の承認を得ておく。
- 全体にかかわることは、「これで、よろしいですか」と、必ず全員に確認し、合意を求める。
- 発言のきっかけを得られない学生には、「○○さんは、どうお考えですか?」と、意図的に発言する機会を作り、グループ内へ引き込む努力をする。
- 判断に迷うことが生じたら、メンバーに意見を求める。一人で考え込まず、時間を無駄にしない。
- 「この学生は発言したいか」と学生の表情や仕草に注意する。
- グループ内の議論が白熱した場合は、「少し冷静になる時間を取りましょう」と間を取り、議論の熱をクールダウンさせる。
- メモ係は複数名を用意して、負担が一人の学生へ集中しないようにする。交代のタイミングを計る。
- 「発言する能力の高い学生は誰だろう」という視点で、仲間全員の発言を聞き、発表者候補を選ぶ。
- 自分が発言するときは、必ず、メンバー全員と目を合わせる。

概要

プログラム
内容

選び方・
応募方法

自己分析・
自己PR

志望動機

面接対策

GW・GD

必須
マナー

参加後の
取り組み

7-5

GWやGDで
好評価を得る方法

　GW や GD で、社員などから好評価を得るためには、無理をせず、自分が伸び伸びと力を発揮できる役割を担ったほうがよいでしょう。

　グループ内で目立つことに気を取られて「苦手だけど進行係に立候補しよう」などと考える必要はありません。評価者は、しっかりと個人を観察しています。グループの仲間から好感をもたれる学生になることが重要です。なぜなら、グループの仲間から好感をもたれる学生は、評価者も好感を持つからです。

グループの仲間から好感をもたれる
学生になるポイント

　他の学生の発言に対して「同意している」「感心している」ことを表情や態度に表すのは、とても大切です。このような、さり気ない行動でもグループ内の関係性を高めるため、積極的に取り入れていきましょう。その他のポイントを以下に紹介しますので、参考にしてください。

・笑顔で挨拶をする。

・さまざまな意見を楽しみ、楽しいという感情を表情や態度に表す。

・メンバーの発言に相づちを打ち、傾聴していることを仕草で表す（大げさになり過ぎないよう注意）。

概要

プログラム
内容

選び方・
応募方法

自己分析・
自己PR

志望動機

面接対策

GW・GD

必須
マナー

参加後の
取り組み

- 「そうですよね」「納得しました」と、他の学生の発言を評価して
  いるという意思表示を積極的に見せる。
- 仲間を肯定し、よい雰囲気のチームを作ろうと努力する。
- 素晴らしい意見を聞いた場合は、「勉強になります」と素直な姿
  勢を表す。
- 「その意見、ちょっと違うな」ではなく、「なるほど、そんな考え
  もありか」と肯定的に考える
- 進行役やメモ役が困っていると感じたときは、「私に何か、でき
  ることある?」と声をかける。
- メンバーの目を見て発言する。
- 「…と、私は思うけど、どうかな?」と、ときには他のメンバー
  に賛否を尋ねてみる。
- 発言時はうつむかず、全員とアイコンタクトをとる。

「グループ活動で求められる建設的な意見、建設的な姿勢」とは…

　建設的とは、代案を立てるような姿勢です。「そんなの意味
ないよ」と、それまでの議論や作業を否定するだけの態度や言
動は控えましょう。例えば「ここを、こうすれば、そのアイデ
アはもっと良くなるんじゃないかな?」と提案できるのが理想
的です。他の学生の意見、発言、アイデアを重視しましょう。
それらの内容を発展させることで高い価値や成果を目指す、そ
れが、建設的であるということです。

　グループ活動では建設的な意見や、建設的な姿勢がメンバー
全員に求められます。

7-6

仲間をリードするような意見を持っている学生はビジネス書籍で勉強をしている

「ある会社の売上を伸ばす方法を考えよ」といったビジネスにおける恒久的なテーマで、GW や GD が行われることもよくあります。中には、「なぜ、こんな効果的なアプローチを思いつけるのだろう」と感嘆してしまう提案をする学生がいます。そのように、他のメンバーを驚かせるような意見やアイデアが披露できるのは、ほとんどの場合、普段からビジネス書籍を読んで学習している学生です。

ビジネス書籍とは、社会人に向けて、仕事に生かせる物の考え方や理論、具体的な問題の解決策などをまとめた本です。そうした本で事前に勉強をしている学生はこのような場面で強みを発揮します。

書籍を通して学習するだけで強みを一つ得られるのですから、費用対効果が抜群の学びと言えます。

知識は力です。これは、学問でも、仕事でも共通することです。学びの対象を広げることをためらわないでください。

P.147 に示した課題も、GW や GD のテーマになる代表的なものですが、これらに有効なアプローチや、考え方などを解説した書籍も複数出版されています。

概 要

プログラム
内容

選び方・
応募方法

自己分析・
自己PR

志望動機

面接対策

GW・GD

必須
マナー

参加後の
取り組み

課題：「**値段を下げて、売れる数量を増やしたい**」

（この課題に有効な着眼点の一例）

⇨ 本当に値段を下げれば数量が増えるのか？

課題：「**広告戦略を拡大したい**」

（この課題に有効な着眼点の一例）

⇨ 広告費は回収できるだろうか？

課題：「**付加価値を高めて、値段を上げたい**」

（この課題に有効な着眼点の一例）

⇨ では、どのような付加価値をつけるか？

課題：「**何かのお店を開店したい**」

（この課題に有効な着眼点の一例）

⇨ 開店コストが安くすみ、利益率が高い商材は何か？

　こうした着眼点（問題点）への知識を得ることは、インターンシップ参加のみならず、今後、社会へ出て働くうえではとても重要なことです。また今後の学生生活においても、必ず役立つものです。インターンシップ参加の前に、まずは、読みやすそうなものから一冊、ビジネス書を手に取って読んでみることをお勧めします。

プレゼンテーションのポイントと事前に慣れておきたいソフト

プレゼンテーションは、聴衆を説得、もしくは納得させ、行動を起こさせる目的で実施されることが多いものです。インターンシップの場合ならば、「評価者を説得、納得させ、高評価を得る」ことが目的と考えられます。

そこで、プレゼンテーションの一種となるテレビ CM を題材に、四つのパターンを通してプレゼンテーションの知識を深めたいと思います。

🔍 テレビCMの四つのパターン

1. 「商品を買わせる」（目的）
   - ⇨ 「売上 No.1 ！（国立○○調査機関調べ）」（アピール）
   - ⇨ 公平性のある第三者機関の評価、という客観性によって訴える。（説得）

2. 「商品の効果を認めさせる」（目的）
   - ⇨ 「使用前と使用後では、差が歴然！」（アピール）
   - ⇨ 複数の事実で証明し、視覚に訴える。（説得）

3. 「来場させる」（目的）
   - ⇨ 「幸せそうなカップルや家族のシーン」（アピール）
   - ⇨ 映像や BGM 効果で情緒と視聴覚に訴える。（説得）

4. 「商品を買わせる」（目的）

　　⇨ 「いや～本当に体が楽になりました」個人の感想であるこ
　　　とは小さく表記（アピール）

　　⇨ 一般の利用者の声を用いて情緒に訴える。（説得）

　この四つのパターンすべてにおいて大切なのは、「説得」です。

　説得力の強さで1から4を分けると、1と2が強く、3と4が弱
いといえます。

　1と2は、公平性のある第三者機関の調査結果や複数の事実（事
例）を用いることで、説得力を高めています。これは、プレゼンテー
ションにも同じことがいえます。

　説得力の弱い3は、映像やBGMの質が高ければ、目的を達成で
きそうです。映像はプレゼンテーションで「配布もしくは投影する
資料」にも置き換えられるでしょう。BGMは「発表者の声」とと
らえてください。

　このように考えると、説得力を高めるデータとともに、視覚に訴
えるための資料や、発表者の声も、大切な要素であることが分か
ります。まとめると以下の通りです。

　まず説得力については、次の二つです。

・公平性のある第三者機関や国が公表しているデータ

・複数の事実や事例

　興味や共感を喚起するのに必要なことは次の二つです。

・資料作り、板書の工夫（複数の色を使うなど）

・発表者のよくとおる声、聞きやすい声量

説得力あるデータを見つけることに慣れておく

今後、学校でレポートを作成する際は、その根拠となるデータを出版物やインターネットの情報などを活用しながら探すように心がけましょう。公平性のある第三者機関や国などの発表しているデータにはどんなものがあり、どんな題材に活用できそうか、確認するだけでも「データを見つける力」が身につきます。特に、政府や各省庁の Web サイトでは、統計資料などが数多く公開されています。一度、目を通しておくとよいでしょう。

聴衆の視覚に訴える資料作成に慣れておく

プレゼンテーションでは聴衆の視覚に訴えることも大切です。限られた時間で素早く視覚に訴える資料を作るために、パソコンの表計算ソフトでできるグラフ化の機能に慣れておくとよいと思います。

表計算ソフトを使って作成した円グラフ例

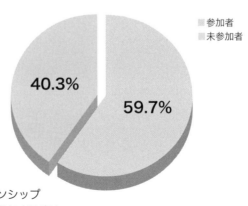

■ 参加者
■ 未参加者

40.3%

59.7%

インターンシップ
参加・未参加者比率を
グラフ化したもの

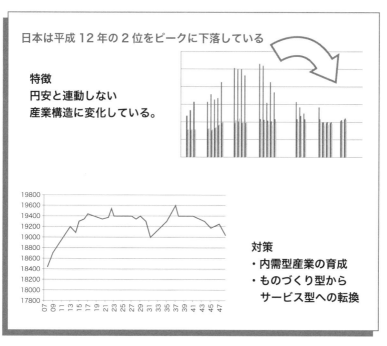

プレゼンテーションソフトに慣れておく

　プレゼンテーションソフトにも、慣れておきましょう。他のメンバーが使いこなす中、まごつかないようにしておきましょう。

プレゼンテーションソフトで作成した資料の例

日本の産業構造の変化と対策をグラフ化したもの

概要

プログラム
内容

選び方・
応募方法

自己分析・
自己PR

志望動機

面接対策

GW・GD

必須
マナー

参加後の
取り組み

7-8 ディベートのポイント

　一般に、ディベートでは「○○は必要、不必要」「○○は発展する、しない」など、肯定派と否定派の二つのグループ（2〜3名ずつなど）に分けられます。相手の論点に弱い部分を見つけ、そこを徹底的に追求することで、自分たちの主張の正しさをアピールすることができるでしょう。

　ディベートの判定とは、論理的で説得力が高いか、もしくは主張の裏付けに納得できる点があるかで行われるものです。

　通常のディベートでは、自分の個人的な立場や主張は一切考慮されません。自分がどんな立場の主張をするグループに属すかは、当人の考え方とは無関係です。例えば、自分は「必要」と考えていても、「不必要」の主張をするグループになることもあります。

ディベートの三大要素とポイント

　心がけておくべき三大要素を以下に紹介します。

1. 反論や否定をされても、イライラしない。
2. 説得力のある、客観的なデータや論文を探す。
3. 品格を持ち、たとえ負けたとしても相手グループに敬意を払う。

　この心構えを基に、実際にディベートを行ううえでの、具体的なポイントを紹介しますので、参考にしてください。

概要

プログラム
内容

選び方・
応募方法

自己分析・
自己PR

志望動機

面接対策

GW・GD

必須
マナー

参加後の
取り組み

自分たちの主張を形成する際のポイント

・課題に含まれる抽象的なキーワードを定義し、認識をチームで共有する。
・主張を裏付けるような、説得力のあるデータを準備する。
・主張の展開に筋道があり、相手に分かりやすい内容であるかを吟味する。
　→ 相手を専門用語で煙に巻こうとしない。
・相手グループが自分たちの主張のどの部分を突いてくるか、想定する。
・自分たちの主張の弱点を突かれたときに、切り返せる論を用意しておく。
・資料集めが得意、プレゼンテーションが得意など、メンバー個々が自分の強みを発揮して取り組む。
・発表するときは、指定された時間内に終わらせる。時間が余りすぎてもいけない。

ディベート時のポイント

・対戦グループが主張しているときに、話を遮らない。
・相手の主張は、相手の目を見ながらしっかりと聞く。
・自分ばかりが発言しない。仲間の学生にも、発言の機会を与える。
・自信を持って発言する。
・反論するときは、論点をすり替えない。
・簡潔に発言する。
・客観的に反論を受け止め、冷静さを維持する。

人は勝手な印象を持つもの。
だからこそ第一印象が大切

　人は初対面の相手に対し、簡単に印象づけをしてしまうものです。「人は外見で判断してはいけない」と言われていても目に映る服装や姿勢などで、ついつい勝手な印象を持ってしまうのです。

　例えば、寝起き間際で鏡に映るあなたと、外出したときのあなたを比較してみてください。

　「寝起き間際の自分は、冴えない、頼りないな」と感じることでしょう。つまり自分に対してさえ、見た目（この場合は鏡に映った自分）で印象を持ってしまうのです。

　では、外出したときのあなたの姿は、なぜ良い印象をもてるのでしょうか？　それは、「意識が働いているから」です。意識が働くことによって、あなたの印象は高まるのです。

　そこで、意識に明確な目標を与え、さらに働いてもらいましょう。目標は、「周囲の人の目に入る自分の姿が、頼れる、期待が持てる印象になるように頑張る」ことです。

　では、どう頑張ればいいのでしょうか？　実は簡単で当たり前のことばかりです。

　まずは、背筋を伸ばして顔をあげ、向き合った相手と目を合わせることから意識しましょう。また、話をするときは語尾までしっかりと発声するように意識しましょう。もちろん清潔な身なりも大切です。

　こういった単純な意識の一つひとつが、あなたの社会的評価を決定していくことに気付き始めてください。

第8章

インターンシップに参加するなら知っておきたい社会人としての必須マナー

インターンシップに参加するにあたって、忘れてはならない社内外での基本的なマナーについて解説します。「受け入れ企業への感謝の気持ち」と「大学を代表している自覚」を持って、大人として、社会人として恥ずかしくないように行動しましょう。

───── 著：美土路 雅子

概要

プログラム内容

選び方・応募方法

自己分析・自己PR

志望動機

面接対策

GW・GD

必須マナー

参加後の取り組み

8-1 社会人として、ふさわしい 身だしなみを心がけよう

🔍 身だしなみについて

　インターンシップに参加するうえでは、学生も、その企業（組織）の一員として業務の一部を担当します。業務の中では、社内や社外で多くの社会人の方と接することになるので、失礼のない身だしなみが求められます。ここで、仕事をするのにふさわしい服装や髪形などの身だしなみについて確認していきましょう。

👔 男性

表情：	眉毛を整え、ひげの剃り残しなどがないようにしましょう。
ヘアスタイル：	髪の毛は短めにカットし、襟足やもみあげなども整えましょう。髪の色は明る過ぎるカラーリングは NG です。
スーツ：	色は黒、紺、グレーなどがよいでしょう。上着のポケットには何も入れないほうがシルエットが綺麗です。ズボンの裾はシングルで長さは靴にかかるくらいがよいでしょう。また、ズボンはきちんとプレスしてしわのない状態にしておきましょう。
かばん：	A4ファイルが入る大きさで、落ち着いた色の手提げタイプのものを用意しましょう。
靴・靴下：	靴は革製で黒色のシンプルなデザインのものがお勧め。靴下は黒、紺、濃いグレーなどのダークカラーがお勧めです。

👩 女性

表情：	ナチュラルメークでさわやかな印象に仕上げましょう。
ヘアスタイル：	長い髪はまとめましょう。特に、前髪はおじぎをしたときに、顔にかからないように、すっきりとさせること。明る過ぎるカラーリングは NG です。

概要

プログラム
内容

選び方・
応募方法

自己分析・
自己PR

志望動機

面接対策

GW・GD

必須
マナー

参加後の
取り組み

スーツ：	スカート、パンツのどちらでもよいです。色は黒、紺、グレーなどがよいでしょう。スカートの丈は座ったときに膝にかかるくらいの長さにしましょう。ブラウスはベーシックなデザインのものを選んで、アイロンをかけるようにしましょう。
かばん：	A4ファイルが入る大きさで、落ち着いた色の手提げタイプのものを用意しましょう。
靴・靴下：	シンプルな黒パンプスタイプの、足にフィットした履きやすい靴を用意しましょう。ストッキングの色は、ナチュラルベージュがお勧めです。破れた場合に備えて予備の準備を忘れないように。

私服かスーツか、指定がない場合は、ひとまず「スーツ」で！

服装の悩みは学生からよく相談されます。企業側から特に指定がない場合は、初日はスーツで行くとよいでしょう。初日の状況でその後の服装を判断してください。

「私服で」と指定があった場合は、迷いがちですが、基本的には就業体験であることを踏まえて、「ビジネスカジュアル」であるべきでしょう。つまり「私服」という指示であっても「清潔感、職場に調和、仕事の邪魔にならない」を基本にすることです。

その他、判断が難しい場合は、担当者に問い合わせましょう。問い合わせをすることは決して失礼にはなりません。

こんな私服はNG！

以下のような服装は避けましょう。

Tシャツ／タンクトップ／派手な色や柄のシャツ／シースルータイプのシャツやブラウス（常識的に考えて避けたほうがよい素材）／デニムパンツ／ミニスカート、ショートパンツ／スニーカー、サンダルなどのカジュアル過ぎるもの／帽子／リュック

8-2 挨拶・お辞儀をおろそかにしない

挨拶について

　たかが挨拶と思っている人もいるかもしれませんが、それは大きな間違いです。挨拶一つで人の印象は大きく変わってしまいます。「仕事への積極性」や「人当たりの良さ」といったイメージに繋がる場合も多いので、普段から習慣付けておくようにしましょう。

　「言葉を整えること」は「相手への敬意を伝え、自分自身の品格も上げること」に繋がります。もともと「挨拶」の「挨（あい）」には「心を開く」、「拶（さつ）」には「心に近づく」という意味があります。つまり「挨拶をする」という行為は、「自分が心を開くことで、相手の心も開き、相手の心に近づく」ということです。

　自分から「おはようございます」という明るい挨拶をすることは、「私はあなたに気が付きました。よろしくお願いします」という人間関係づくりの第一歩を踏み出していることなのです。

　インターンシップ先では、自分から明るい挨拶をして職場の方々と良い人間関係をスタートさせましょう。

　初日の自己紹介の挨拶は特に重要です。明るい自己紹介ができるようにイメージをしておきましょう。

例：〇〇大学〇〇学部〇年生のマイナビ花子と申します。多くのことを学ばせていただきたいと思います。どうぞよろしくお願いいたします！

さまざまな挨拶言葉

シチュエーション	挨拶言葉
出社したとき	おはようございます
外出するとき	行ってまいります
戻ったとき	ただいま戻りました
職場の人が外出するとき	行っていらっしゃい（ませ）
職場の人が戻ったとき	お帰りなさい（ませ）
来社されたお客様への挨拶	いらっしゃいませ
社内で他の社員とすれ違うとき	おつかれさまです
お礼の言葉	ありがとうございます（ました）
お詫びの言葉	申し訳ございません（でした）
一日の仕事を終えて帰るとき	お先に失礼いたします
最終日の挨拶	お世話になりありがとうございました

お辞儀について

　お辞儀は、挨拶言葉と連動させて行い、その場に応じて浅いお辞儀、深いお辞儀を使い分けます。ポイントはアイコンタクトと姿勢。相手の表情をしっかり見て、背中は真っ直ぐに伸ばし、腰から曲げるようにしましょう（頭だけを下げない）。

　ここでお辞儀の種類について確認しておきましょう。

	会釈 15° 視線は、1.5m先	敬礼（普通礼）30° 視線は、1m先	最敬礼 45° 視線は、0.5m先
挨拶例	・失礼いたします ・かしこまりました	・よろしくお願いいたします ・いらっしゃいませ ・お待たせいたしました ・おはようございます	・ありがとうございます（ました） ・申し訳ございません（でした）
場面	・すれ違うとき ・書類を預かるとき ・入室、退室するとき ・エレベーターの乗り降り	・朝夕の挨拶 ・お客様を迎えるとき ・上司へ挨拶するとき ・相手を待たせたとき	・改まったお礼 ・お詫びをするとき

概要

プログラム内容

選び方・応募方法

自己分析・自己PR

志望動機

面接対策

GW・GD

必須マナー

参加後の取り組み

8-3 電話対応の基本

インターンシップ先では、業務の一環で、会社にかかってきた電話に対応するように指示されることがあります。電話の相手は、あなたがインターンシップ生とは知らず、当然「その会社の人間」とみなすので、社会人としてふさわしい対応が求められます。

また、電話はお互いの姿や表情が見えず声だけでコミュニケーションを取るため、細心の注意と気配りが必要です。失礼な対応をしないように「ビジネス電話対応の基本」をしっかりと理解しておきましょう。

🔍 電話の受け方

① すぐに出る

（例）「はい」（明るく元気に）、「おはようございます」（11:00 ごろまで）、
「（大変）お待たせいたしました」（出るまでに 3 コール以上、鳴った場合）

② 名乗る

（例）外線「お電話ありがとうございます マイナビ商事でございます」
内線「はい！総務部の佐藤です」

③ 相手を確認する

・相手の会社名、名前をメモする
（例）「ABC 商事の田中様でいらっしゃいますね」※省略することも多い

④ 挨拶をする

・相手・TPO に合わせて挨拶言葉を使い分ける
（例）「いつもお世話になっております」

⑤ **用件を聞く**

・相づちは「はい」とはっきり メモは正確、簡潔に
（「ウン、ウン」「えぇ」などは NG）

⑥ **用件を復唱する**

・伝言ミスをなくすため
（例）「確認させていただきます」

⑦ **自分を名乗る**

・責任の所在を明確にし、安心感、信頼感を与える
（例）「佐藤が承りました」

⑧ **挨拶をする**

（例）「よろしくお願いいたします」、「お電話ありがとうございました」、
「失礼いたします」

⑨ **丁寧に切る**

・相手が切ってから丁寧に受話器を置く

覚えておきたい言い回し

電話への対応時には、よく使う言い回しがあります。以下はその
一例です。いずれも「相手の言葉をしっかりと丁寧に受け取る」「不
明点はそのままにせずに確認する」「どうしたら相手の役に立てる
かを考え提案する」という意識に根差した表現です。場面をイメー
ジし、覚えておきましょう。

・「かしこまりました」（「分かりました」と言うとき）

・「少々お待くださいませ」（取り次ぐとき）

・「失礼でございますが、どちら様でいらっしゃいますか？」（相手が名乗らないとき）

・「恐れ入りますが、もう一度お願いできますでしょうか？」（聞き取れないとき）

・「申し訳ございません。山田は席をはずしております。戻り次第、お電話を
差し上げるようにいたしましょうか？」（不在を伝え、提案するとき）

・「よろしければ、ご伝言を承りましょうか？」（代わりに伝言を預かるとき）

8-4　指示の受け方と報告の仕方

業務は担当者からの指示でスタートします。以下のポイントを参考に指示の受け方をしっかりとイメージしておきましょう。

指示の受け方のポイント

① 担当者から呼ばれたら返事をして、すぐに担当者のところに行く

・明るく、はきはきとした声で「はい」と返事をする
・他の仕事の手をいったん止める
・メモ用紙と筆記用具を持って移動する

② 担当者の席の斜め前に立つ（担当者が指示を出しやすい）

・「失礼いたします」と担当者に声をかけて、目線を合わせる

③ 指示を受ける

・相づちを打ちながら、指示内容を聴く
・要点はメモをとる
・質問は担当者の指示が終了してから行う
・指示内容の復唱確認をする

④ 自分の席に戻る

・立ち去るときは、上司に「失礼いたします」と言う

ビジネスの場面では、「報告・連絡・相談」が頻繁に行われており、これらは「組織の血液循環」ともいわれ、滞ると支障をきたすほど重要なものです。インターンシップ先で、積極的に「報告・連絡・相談」を行いましょう。そうすることで、問題の早期解決に繋がり、情報共有もできます。

お礼状の書き方を学ぼう

　社員の方とのやりとりや実務など、初めての体験による緊張感が、インターンシップ終了後は一気に解け、どうしてものんびりしてしまいがちです。しかし、その体験を「振り返ること」が今後の学生生活や就職活動に繋がります。

　特に忘れてはならないのが、インターンシップ先への感謝の気持ちです。感謝の気持ちは形にしなければ伝わりません。また、自分の気持ちが冷めないうちにお礼文を作成することも大切です。速やかに書状を送ることで感謝の気持ちが伝わりやすくなります。

　ここでは、手紙とEメールでのお礼文の書き方について学びましょう。Eメールで伝える方が多いと思いますが、手紙、Eメールそれぞれのメリットを踏まえ選ぶようにしましょう。

お礼状、Eメールのポイント

・速やかに文章を作成して送る。
　※終了日当日に作成、翌日投函が理想的ですが、遅くとも終了後3日以内には相手の手元に届くように送付しましょう。
　※Eメールの場合は、インターンシップが終了した当日に送りましょう。

・直筆（手書き）が丁寧であり、気持ちが伝わりやすい。
　※字の上手、下手よりも気持ちをこめて丁寧に作成することが大切。

・必ず下書きし、可能であれば大学の就職課の人に確認してもらう。

E メールでのお礼文作成の場合

新規メッセージ — ╱ ✕

宛先　人事部採用課○○○○様

件名　【御礼】インターンシップを終えて

○○○○株式会社
人事部採用課　○○　○○様

こんにちは。○○大学の佐藤太郎でございます。
貴社インターンシップでは、大変お世話になり
誠にありがとうございました。

毎日が新鮮であり無我夢中で過ごしましたが、終わってみれば
本当にあっという間の○日間でした。期間中、温かくご指導くだ
さった○○事業部の皆さまのようになるには、まだまだ道のり
は遠く、スタートラインにも立てていない自分に気が付きました。
しかし、私自身にとって最も大きな収穫は、○○業界への志望が
確固たるものになったということです。残りの学生生活でしっかり
と自分に足りないものを学び吸収してまいります。

また、初めての経験ばかりで緊張しておりましたが、昼食時に、
○○様がお話しくださった○○様の新入社員時代のエピソードにより、
肩の力を抜くことができました。心より感謝申し上げます。

貴重なお時間を割いてご指導くださり、誠にありがとうございま
した。皆さまにもどうぞよろしくお伝えくださいますようお願い
申し上げます。取り急ぎ、E メールにて御礼申し上げます。

○○大学○○学部○○学科○○専攻
佐藤　太郎
TEL：03-XXXX-XXXX
FAX：03-XXXX-XXXX
Mail：xxxxx@xx_u.ac.jp

送信

概要

プログラム
内容

選び方・
応募方法

自己分析・
自己PR

志望動機

面接対策

GW・GD

必須
マナー

参加後の
取り組み

お礼状の文例2

便せんでのお礼状作成の場合

〈準備するもの〉便せん（縦書き、白無地、罫線入り）、黒色のペン ※万年筆が正式であるが、インクのボールペンであればよい、封筒（和封筒、白無地）

拝啓　○○の候、貴社ますます清祥のこととお慶び申し上げます。

このたびは、○日間にわたり、貴社にて大変貴重な体験をさせていただき誠にありがとうございました。緊張の連続で至らない点ばかりの私に○○様をはじめ、社員のみなさまにはとても温かいご指導いただきました。心より御礼申し上げます。

○○業界は、もともと大変興味がありましたが、実際の職場では先生の英語が飛び交う社員のみなさまが、お忙しい中でも、高い意識と仕事へのプライドをお持ちになりながらも働いていらっしゃることに大きな刺激を受けました。期間中、○○部門の業務の一部を担当させていただきました。自分自身が考えていた以上に、実際の業務には細やかな配りと○○に関する深い知識と豊富な経験が必要だということを痛感いたしました。そして、この経験により、残りの学生生活の中で、自分自身が何を学び補強していくべきかが明確になりました。あらためて、インターンシップ生として受け入れてくださった貴社に心より感謝申し上げると同時に、自分は大変幸運であったと感じております。

期間中、社員食堂で昼食をご一緒させていただいた際、○○様の新入社員時代のお話を伺うことができたこともも大変楽しく私にとって大きな糧になりました。○○様のようになるにはまだまだ遠い先のことではございますが、私の目指す理想のビジネスパーソン像として心深く刻み、努力を重ねてまいる所存でございます。

お忙しい時間を割きご指導賜りましたことに心より御礼申し上げます。貴社のご発展と○○様のご活躍を心よりお祈り申し上げます。

敬具

令和○年○月○日

○○大学○○学部○○学科○○専攻

○○　○○

○○○○株式会社

人事部採用ご担当　○○　○○様

8-6 SNSの利用には特に注意！ 情報管理を徹底しよう

　インターンシップ中は、業務をするうえで、社内外の情報に触れる機会が数多くあります。近年では、SNSを通じた軽率な発信が増えており、さまざまな問題を引き起こす要因にもなっています。個人情報などの取り扱いには各企業が対策を施すようになりましたが、それでも情報漏えいなどの問題を起こした場合は営業停止に追い込まれる、といったケースも少なくありません。

　業務体験中だとはいえ、万が一、学生側の不注意や無意識が原因でそのような事態を引き起こした場合、「知らなかったから…」などの言いわけは通用しません。インターネットやスマートフォンなどの普及によって、何気ない行動や情報が、知らないうちに伝播し、場合によっては悪用されてしまう時代です。インターンシップの内容やそこで知った情報などは、インターネットやSNS上では一切記載しないようにしましょう。

　インターンシップ先の企業はあなたを信頼して受け入れます。だからこそ、業務中に情報を扱う場合には、常に緊張感を持ち、どんな些細な情報だと思ったとしても、「自分の不注意でこの情報が外部に漏れたら、大変なことになるかもしれない」という意識を持つことが大切です。「高い意識」と「節度のある行動」があれば、情報を守ることができるのです。

概要

プログラム
内容

選び方・
応募方法

自己分析・
自己PR

志望動機

面接対策

GW・GD

漏らしてはいけない情報の例
☑ 機密情報 (新商品開発、企画、設計に関することなど)
☑ 個人情報 (その企業の顧客、社員の情報)
☑ PC 機器使用時の「ユーザー ID」、「パスワード」「メールアドレス」
☑ 各種書類 (紙ベースの情報、データの情報)
☑ 社風、雰囲気、働く人たちの様子などに関する情報(形のない情報)

　上記以外にも、記載すればきりがないほど、情報があふれています。インターンシップ期間中はもちろんのこと、終了後も、業務上知り得た情報の守秘義務があるということを肝に銘じておきましょう。また、移動中の会話にも配慮が必要です。エレベーター、公共の交通機関の中、街中でも誰かに聞かれるかもしれないという意識を持ち、話す内容には十分気を付けましょう。

「受け入れ企業への感謝の気持ち」「自分の大学の代表としての自覚」「プレ・社会人としての意識」、以上3点を忘れないようにすることが、情報漏えいへの抑止力になるのに加え、社会人としては当然のモラルであることも覚えておきましょう。

Web面接でも効果大！
両手も使ってリズムを作ろう

インターンシップでは、面接やGD、プレゼンテーションと、自分の考えを相手に伝える機会がたくさんあります。そこで、考えを効果的に伝えるスキルの一つ、「手の表現力アップ」に取り組みましょう。

考えを言葉で伝えるにあたって、まず大切なのは「滑舌（かつぜつ）」で、滑舌を良くしようと口や頬を大きく動かすなど、口の周辺に意識を働かせているはずです。この意識を、両手にまで行き渡らせましょう。

例えば、政治家やコメンテーターが話している姿を観察して下さい。両手もしくは片手を動かしている人が多いことに気付くはずです。実は、両手を下げたままで話すよりも、両手を胸から肩の高さで動かしながら話したほうが、話すリズムを取りやすくなるのです。リズムが良いと、話したいことが頭の中に次々と浮かびやすくなるという効果もあります。その結果、聴き手も、そのリズムの良い話に引き込まれやすくなるのです。

特にWeb面接では注意が必要です。「全身ではなく顔を中心とした一部だけを見せている」という意識が生じるため、口だけに頼ってコミュニケーションしがちです。その結果、リズムが無くなり、あなたの言葉は面接官の心に響きにくくなるのです。「面接官が見ている画面から、あなたのリズムよく話す姿をあふれ出させる」というイメージをもって、両手の動きも加えて臨みましょう。

第9章

インターンシップ参加後に取り組むこと

インターンシップはゴールではなくスタートです。インターンシップで得た貴重な知識や経験を参加後の学生生活に役立て、より一層、あなたの成長につなげてください。

——————— 著：岡茂信

概要

プログラム内容

選び方・応募方法

自己分析・自己PR

志望動機

面接対策

GW・GD

必須マナー

参加後の取り組み

心に響いた社員の言葉や
フィードバックされたことを
メモしておこう

インターンシップは参加がゴールではなく、今後、社会に出て働いていくための準備として生かすことが目的です。そこで、ここではインターンシップ参加後にぜひ取り組んでほしいことについて紹介します。

まずは、以下の記入例を参考にして、印象に残ったことや社員の方にフィードバックされたことをメモし、インターンシップでの体験を振り返ってみましょう。

「仕事」に関連して印象に残ったこと

> メモ例 金融の営業職は、企業の作った商品を売る営業職と違い、売り込む商品を自分で作り出さなくてならない。（A社の説明）

「将来のビジョン」に関連して印象に残ったこと

> **メモ例** 自分で「こうなりたい」というシナリオを描いて行動すれば、
> 実現の確率を高められる。（B社渡部さんの言葉）

「企業」に関連して印象に残ったこと

> **メモ例** 積極的に若手を起用する企業だった。入社3年目の社員に、
> 生産工程の見直しをするチームリーダーを任せた。（C社の説明）

社員からのフィードバック内容

> **メモ例** コミュニケーション力はあるが、もっと数理能力を高めよう。
> （B社山田さん）

概要

プログラム内容

選び方・応募方法

自己分析・自己PR

志望動機

面接対策

GW・GD

必須マナー

参加後の取り組み

9-2 業種や企業について学んだことを人に説明できるようになろう

インターンシップに参加することを本格的に考え始めると、業種や企業について学ぶことが増えていきます。学んだことは、自分の頭の中にインプットして完了ではなく、必ずアウトプット（自分の学んだ内容を人へ説明）しましょう。

アウトプットを繰り返すことで、「情報を整理して人へ伝える」というスキルを磨くことができます。これは GD やプレゼンテーションで役立つだけでなく、社会人になったときに必ず生かされるものです。学生のうちに、アウトプットする習慣を身につけておきましょう。

そのための準備として、以下の各項目について研究、理解できたことを文章作成ソフトにまとめておくと便利です。そして、その内容を家族や友人に説明する練習を積んでおくとよいでしょう。

業種について

・注目している業種が今後、どのように発展するか
・インターンシップを通して学んだ技術のトレンドについて
・その仕事が、どのような社会へ、あるいはどんな人へ、どのように貢献しているか
・円高と円安では、どちらにメリットのある業種か

概要

プログラム
内容

選び方・
応募方法

自己分析・
自己PR

志望動機

面接対策

GW・GD

必須
マナー

参加した企業の特徴

・企業規模、業種内での位置づけは？

・主な顧客は法人なのか個人なのか、その両方か

・何を作っているか、主力製品は何か

・どのような問題を解決しているか

・サービスの特徴と強みは何か

・就業体験中に感じた社風

・インターンシップで感じた企業の将来性、成長への期待感

相手の感想を聞く

　自分が学んだ内容を相手に伝えたら、その後に感想を求めましょう。自分の説明が分かりやすかったか、説明を通して業種や企業の理解を深められたかといった感想を相手から必ず聞いておきます。「よく分からなかった」という評価でも怒ってはいけません。それは、相手の理解力が不足しているせいではなく、「情報を相手のレベルに合わせて、分かりやすく伝える」というあなたのスキルが未熟なのです。

　自分の理解や情報の整理不足が原因であることを謙虚に受けとめ、相手の感想に耳を傾けてください。「ここが分からない」という意見は、あなた自身の理解が足りないポイントを反映しています。そのため、「分からない」点を分かるように説明する努力を重ねましょう。この努力の積み重ねの結果、あなたの理解力や説明能力が高まっていきます。

9-3 英語力アップには、特に力を入れて取り組もう

　外資系企業の市場参入、海外に拠点を置くビジネスも増加しており、インターンシップの応募書類にも、以下のような内容を多く目にするようになりました。

　「英語のレベルをご記入ください」
　「TOEFL のスコアをお持ちの方は、スコアを入力してください」
　「TOEIC のスコアをお持ちの方は「Total」「Listening」「Reading」のスコアを入力してください」

　このような記入項目に対して、「やっぱり英語が必要なんだな。でも、外資系企業や国際部などで働くつもりはないから私には関係ない」などと考えるのではなく、無理のない範囲で時間を割いて、英語力強化に、ぜひ取り組みましょう。なぜなら、語学力は今後、ますます必要性が高まるものだからです。
　日本は、外国へ技術を輸出することや、外国から労働力を求めることを国内の成長戦略の一つに位置付けています。少しでも英語の勉強を進めておくことは、どんな企業へ就職するにしても、必ずプラスに働くはずです。

概 要

プログラム
内容

選び方・
応募方法

自己分析・
自己 PR

志望動機

面接対策

GW・GD

必須
マナー

参加後の
取り組み

スコアをアップさせるという、明確な目標を持って取り組む

　英語力の強化へ取り組む場合、漠然と「強化するぞ！」と取り組むよりも、「TOEIC や TOEFL のスコアをアップさせる」という目標を持って取り組むのがよいでしょう。TOEIC や TOEFL のスコアなら、自分の頑張りが数字に表れるので、成長度が計りやすいです。

　また、TOEIC や TOEFL のスコアは、当然ですがインターンシップだけでなく、就職活動時にもかかわってきます。就職活動が目前に迫ってからではなく、一歩先駆けて勉強を始めましょう。

　参考までに、企業が新卒採用の募集要項で英語力について触れている事例を以下に紹介します。

・TOEIC スコアが選考に影響することはないが、入社までに 800 点以上の取得が必要。
・（薬学系、理工系…と専攻系を指定したうえで）TOEIC730 点以上が望ましい。
・目安として TOEIC800 点程度以上の英語力が必要
・数理的な素養を、資金運用業務の中で生かせる方。かつ TOEIC730 点以上取得している方。
・英検 2 級もしくは TOEIC500 点程度以上の英語力を有することが望ましい。

9-4 就業体験を自己分析し、成長目標を設定して取り組もう

インターンシップの就業体験を振り返り、自己分析してみましょう。以下の5項目について評価し、それぞれ5段階で得点をつけてみてください。「とれなかった」と感じる項目は、次のインターンシップやその後の学生生活で、改善できるように意識して取り組み、常に成長目標を設定していきましょう。

参加したインターンシップを自己分析する

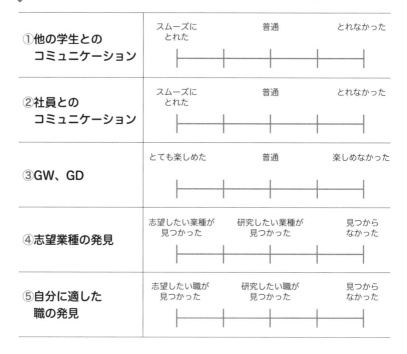

①他の学生とのコミュニケーション	スムーズにとれた ── 普通 ── とれなかった
②社員とのコミュニケーション	スムーズにとれた ── 普通 ── とれなかった
③GW、GD	とても楽しめた ── 普通 ── 楽しめなかった
④志望業種の発見	志望したい業種が見つかった ── 研究したい業種が見つかった ── 見つからなかった
⑤自分に適した職の発見	志望したい職が見つかった ── 研究したい職が見つかった ── 見つからなかった

インターンシップの体験を大学生活へ生かそう

インターンシップの体験を学生生活に生かすことで、自分自身の成長をさらに高めていってください。以下に活用例を紹介します。

・ゼミや研究室で発表するときは、事例やデータを加え、資料を充実させる。

・表計算ソフトとプレゼンテーションソフトを普段から活用する。

・先生と相談し、ゼミや研究室にディベートを取り入れる。

・授業とは無関係でも、インターンシップで疑問に感じた内容が解説されている本を書店で探してみる。

・自分なりのテーマを持って、ニュースをチェックする。

・TOEIC や TOEFL に取り組む。

・非言語系の問題集に取り組む。

・後輩指導を通して、どのような表情や行動に、人が好感を持つかを研究する。

・ゼミ、研究室、サークルに OB や OG を招くイベントを企画する。

・アルバイト先の運営コストや競合店を調べてみる。

・「こうすれば来店者が増えるかもしれない」と、仮説を立ててアルバイト先の社員へ提案してみる。

・興味のあるイベントに参加し、初対面の人と交流する機会を増やす。

・自分の特徴は何かを考え、見つけた特徴を「たいしたことない」と決して自己否定せず、肯定して磨く努力をする。

概要

プログラム
内容

選び方・
応募方法

自己分析・
自己PR

志望動機

面接対策

GW・GD

必須
マナー

参加後の
取り組み

[著者紹介] 岡 茂信（おか しげのぶ）

現在東証プライムの情報システム開発企業での面接・採用選考経験をもとにジョブ・アナリストとして独立。全国のさまざまな大学及び就職イベントでの講演、企業への採用アドバイスなどで活躍してきた。企業の採用手法及び意図を知り尽くした存在として、毎年、多くの就職活動生から頼りにされてきた。著書に小社オフィシャル就活 BOOK シリーズ『内定獲得のメソッド 自己分析 適職へ導く書き込み式ワークシート』、『内定獲得のメソッド エントリーシート 実例で分かる書き方』などがある。HP「岡茂信の就活の根っこ」（http://ameblo.jp/okashigenobu/）。

[著者紹介] 才木 弓加（さいき ゆか）

大学で非常勤講師を務めるかたわら、自ら就職塾「才木塾」を主宰し、直接学生への指導にあたる。長年のキャリアに基づいた独自の指導方法は、徹底した自己分析を行うのが特徴。最新の就活トレンドに適応したオンライン就活の指導も行っている。著書に『内定獲得のメソッド 面接担当者の質問の意図』、『内定獲得のメソッド 面接 自己PR 志望動機』（以上、マイナビ出版オフィシャル就活 BOOK シリーズ）『就活 自己分析の「正解」がわかる本』（実務教育出版）、『サプライズ内定 なぜ彼らは大手企業に内定できたのか！』（角川マガジンズ）などがある。YouTube のマイナビ就活チャンネルでも動画を配信している。

https://www.youtube.com/channel/UCINp43IZKmeCyDdwvgesJHg

[著者紹介] 美土路 雅子（みどろ まさこ）

企業秘書経験を生かし、企業の人材育成研修、大学生の就職支援講座及び社会人の転職支援講座の講師として、『マイナビ』をはじめ、学校や企業、さまざまなメディア、イベントなどで幅広く活躍中。温かく熱意あふれる指導、特に、大学生向け秘書検定講座の合格率は群を抜き、合格請負人としての定評がある。YDサポート（株）講師。著書に小社オフィシャル就活 BOOK シリーズ『要点マスター！ 就活マナー』がある。

編集　　　太田健作（verb）

カバーデザイン　掛川竜

デザイン・DTP　小山悠太

内定獲得のメソッド
インターンシップ・仕事体験

著　者　　岡茂信／才木弓加／美土路雅子

発行者　　角竹輝紀

発行所　　株式会社マイナビ出版
　　　　　〒101-0003
　　　　　東京都千代田区一ツ橋2-6-3 一ツ橋ビル2F
　　　　　電話　0480-38-6872（注文専用ダイヤル）
　　　　　　　　03-3556-2731（販売）
　　　　　　　　03-3556-2735（編集）
　　　　　URL　https://book.mynavi.jp

印刷・製本　中央精版印刷株式会社

※定価はカバーに記載してあります。

※本書の内容に関するご質問は、電話では受け付けておりません。ご質問等がございましたら恐れ入りますが
　（株）マイナビ出版事業本部編集第2部まで返信切手・返信用封筒をご同封のうえ、封書にてお送りください。

※乱丁・落丁本についてのお問い合わせは、TEL：0480-38-6872【注文専用ダイヤル】、または電子メール：sas@mynavi.jpまでお願いします。

※本書は著作権法上の保護を受けています。本書の一部あるいは全部について、
　発行者の許諾を得ずに無断で複写、複製（コピー）することは禁じられています。